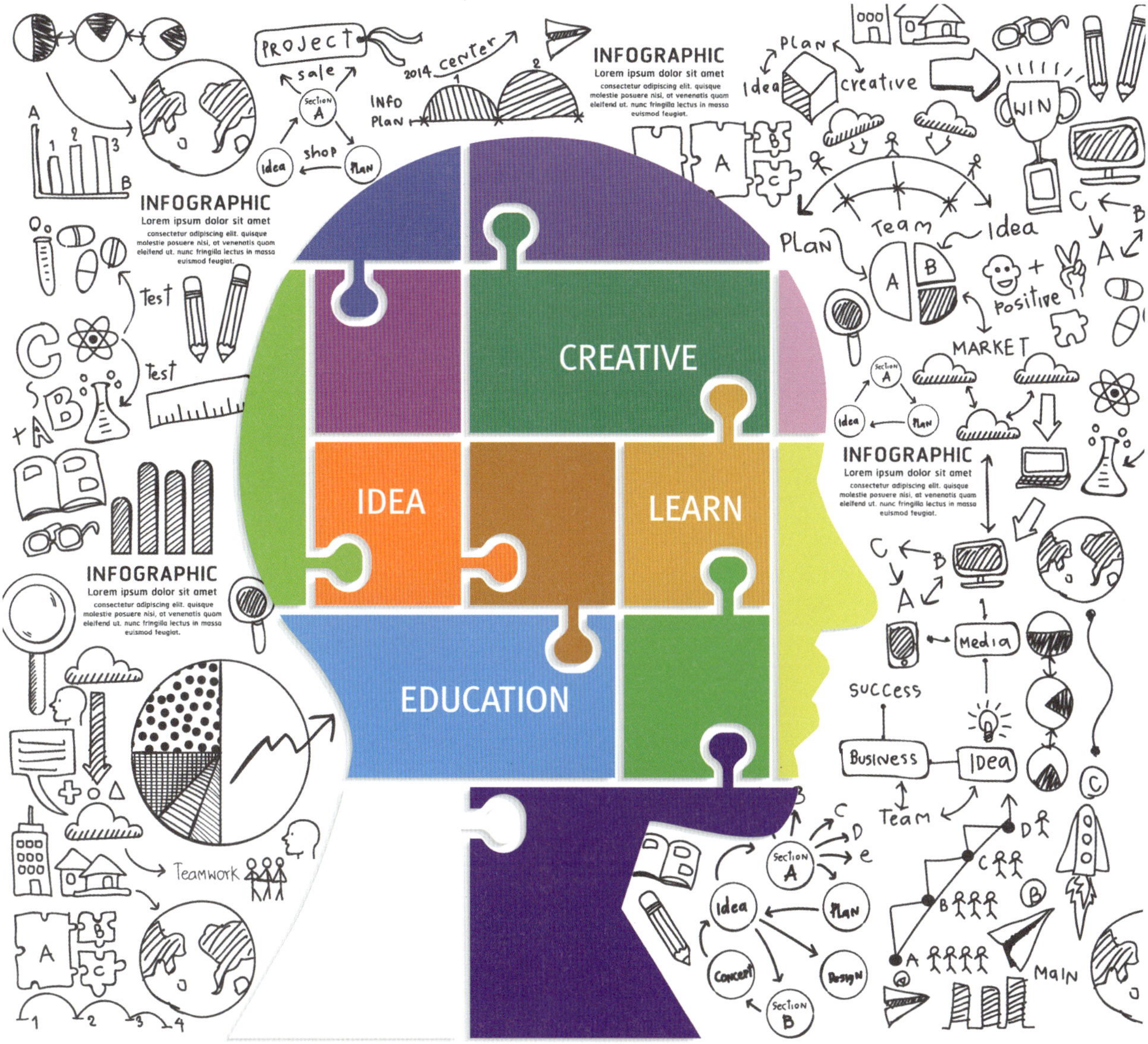

컴퓨팅적 사고력 향상을 위한

Let*s Do It!

스크래치 3.0 프로그래밍

북스홀릭 Publishing

이 도서의 국립중앙도서관 출판예정도서목록(CIP)은 서지정보유통지원시스템 홈페이지(http://seoji.nl.go.kr)와 국가자료종합목록 구축시스템(http://kolis-net.nl.go.kr)에서 이용하실 수 있습니다.
(CIP제어번호 : CIP2020005949)

컴퓨팅적 사고력 향상을 위한

Let*s Do It! 스크래치 3.0 프로그래밍

초판 1쇄 발행일 _ 2020년 3월 2일

지은이 _ 허태성, 이태동
펴낸이 _ 조완용, 고영진
표지디자인 _ 블루기획
내지디자인 _ 인투

주소 _ 서울시 금천구 시흥1동 992-12 영광빌딩 203호
문의전화 _ 02-896-7846 / 02-3142-3600 팩스_ 02-896-7852
홈페이지 _ http://www.booksholic.co.kr

발행처 _ 북스홀릭 퍼블리싱 **출판등록번호** _ 제2012-000063호

ISBN _ 979-11-6289-024-0 [93000]

머리말

우리는 4차 산업혁명 시대 맞이하고 있다. 많은 학자들은 4차 산업 혁명이란 정보통신기술(ICT)의 융합으로 이루어낸 변화를 의미하며, 그 핵심에는 물리적, 생물학적, 디지털적 세계를 빅 데이터에 입각해서 통합시키고 경제 및 산업 등 모든 분야에 영향을 미치는 다양한 기술로 설명하고 있다.

4차 산업혁명시대 우리는 무엇을 준비하여야 하는가?
많은 학자들이 4차 산업혁명의 핵심 기술로 인공지능, 로봇공학, 사물 인터넷, 무인 운송 수단(무인 항공기, 무인 자동차), 3차원 인쇄, 나노 기술 등을 거론하고 있으며, 그 중심에 소프트웨어를 꼽고 있다. 우리가 소프트웨어, 컴퓨팅적 사고력 향상에 힘쓰는 이유이기도 하다.
컴퓨팅적 사고(Computational Thinking)란 스스로 무엇인가를 만들게 하는 학습 프로그램으로 주입식 교육이 아닌 참여, 창의, 배움을 전해주어야 한다고 정의하고 있다. 이러한 면에서 이 책은 예제 소프트웨어를 이해하고, 나아가 컴퓨팅적 사고를 통해 창의적인 아이디어를 구현하는 사람을 재탄생시키고자 함을 목적으로 하였다.
이미 우리일상에 모든 것들이 소프트웨어를 모르고는 살아갈 수 없을 정도로 변화하고 있다. 사물인터넷을 비롯한 웨어러블 컴퓨팅, 3D 프린터, 드론(Drone) 등과 같은 첨단 기기들이 선보였으며, 향후 어떤 기기들이 나올지 아무도 예측하기 힘든 세상이 되었다.
이 시대를 살아가는, 또 미래를 창조적으로 살아갈 독자들을 위해 컴퓨팅적 사고는 그 어느 때보다 중요하리라 생각된다. 30년 전 만화 애니메이션 영화를 만들었던 감독님이 "오늘날과 같은 애니메이션 기술이 있었더라면 훨씬 더 재미있는, 창의적인 애니메이션 영화를 만들 수 있었을 것이다"라는 아쉬움을 얘기를 한 것이 기억난다.

이 책을 통해 더 이상 소프트웨어는 어렵고, 몇몇 전공자를 위한 것이 아님을 알리고 싶다. 굳이 소프트웨어를 전공하거나 소프트웨어 분야로 진로를 정하기 않더라도, 각자의 분야에서 창의적인 아이디어를 소프트웨어를 접목하여 제품으로 만들어 낼 수 있다면 현재보다 더 나은 미래를 살아가는 우리들의 삶을 풍요롭게 할 것이다.
아이폰으로 세계를 바꾼 스티브 잡스는 "이 나라 모든 사람들이 컴퓨터 프로그래밍을 배워야 하는 이유는 사고하는 법을 배워야하기 때문이다"라고 하였다. 이는 오늘날을 살아가고 있는 모든 이에게 소프트웨어적인 사고가 얼마나 중요한지를 역설한 것이다. 이제 컴퓨팅적 사고는 우리 모두의 삶 속에 녹아들어 있다. 아마도 이를 부정하는 이는 없을 것이다. 그러나 컴퓨팅적 사고를 높이기 위한 교육은 그리 쉽지만은 않다. 이 문제를 해결하기 위한 도구(스크래치, 엔트리, 앱인벤터, 랩터, 레고(WeDo) 등)들이 나타나기 전까지는 말이다. 이제 이런 걱정을 할 필요가 없다. 아주 간단한 스크래치나 앱인벤터 등을 이용하여 우리들의 컴퓨팅적 사고를 얼마든지 향상시킬 수 있기 때문이다. 이 책은 이런 요구를 충족하기 위해 만들어졌다. 이 책 한 장, 한 장을 배우며 따라하다 보면 마지막 페이지를 넘길 때 여러분들의 컴퓨팅적 사고력은 상상할 수 없을 정도로 향상되어 있을 것이다. 이 지식을 바탕으로 여러분들의 신선하고 창의적인 아이디어를 현실로 만들어 주기 바란다. 독자들 모두가 마이크로소프트의 빌게이츠, 애플을 스티브 잡스, 페이스 북의 마커 저커버그와 같이 세상을 바꾸길 기원한다.

이 책을 집필하며, 많은 아이디어와 재미를 더하여, 컴퓨팅적 사고력 향상에 기여하고자 하였다. 향후 좀 더 재미있는 예제와 아두이노 등을 활용하여 컴퓨팅적 사고 향상을 위한 새로운 책을 선보이려고 준비하고 계획 중이다.
끝으로 이 책을 나오기까지 물심양면으로 도움을 주신 북스홀릭퍼블리싱 사장님 이하 관계자 여러분께 감사드리며, 이 책의 집필을 위해 함께 고생한 인하공업전문대학 컴퓨터정보과 학생들에게 감사의 인사를 전합니다.

저자 일동

CONTENTS

Scratch Programming

CHAPTER 01

컴퓨팅적 사고와 스크래치

Scratch Programming

학습목표

- 컴퓨팅적 사고에 대해 알아보기
- 왜 우리는 프로그램 코딩을 배워야 하는가?
- 스크래치 프로그램 환경 만들기
- 스크래치 기본 기능 알아보기

많은 미래학자들은 인류가 4차 산업혁명에 의한 변화의 시대를 살고 있다고 한다. 4차 산업혁명은 정보통신기술(ICT)의 융합으로 이루어낸 혁명 시대를 말한다. 이 혁명의 핵심은 인공지능, 로봇공학, 사물 인터넷, 무인 운송 수단(무인 항공기, 무인 자동차), 3차원 인쇄, 나노 기술과 같은 6대 분야에서 새로운 기술 혁신이며 그 중심에 소프트웨어가 있다. 우리가 미래를 준비하기 위해 컴퓨터 프로그램 코딩을 공부하는 이유이기도 하다. 미래를 준비하기 위한 컴퓨팅적 사고를 위한 프로그램 코딩은 필수이며, 이를 위한 준비에 소홀함이 없어야 한다.

스티브 잡스는 "모든 국민이 코딩을 배워야 한다. 코딩은 생각하는 법을 가르쳐준다"라고 했다. 코딩 교육을 통해 소프트웨어로 문제를 해결하는 방식에 익숙해지고, 자신의 영역에 소프트웨어를 더해 새로운 가치를 추구하는 생각을 심자는 것이다. 즉 우리 모두에게 "컴퓨팅적 사고"를 위한 노력을 기울여야 한다.

"컴퓨팅적 사고(Computing Thinking)"란 문제해결을 위해 문제를 작고 다룰 수 있는 부분으로 나누며, 처리 대상이 되는 데이터 안에 패턴, 동향, 규칙을 관할한 후 이 같은 패턴들을 만드는 일반 원칙을 정하여, 문제 해결을 위한 알고리즘을 설계해 가는 과정을 말한다.

알고가기 코딩(coding)이란?

• **사전적인 의미**

1. 어떤 일의 자료나 대상에 대하여 기호를 부여하는 일
2. 작업의 흐름에 따라 프로그램 언어의 명령문을 써서 프로그램을 작성하는 일
3. 프로그램의 코드를 작성하는 일

• **통상적인 의미**

컴퓨터 프로그래밍(computer programming) 또는 간단히 프로그래밍(programming) 혹은 코딩(coding)은 하나 이상의 관련된 추상 알고리즘을 특정한 프로그래밍 언어를 이용해 구체적인 컴퓨터 프로그램으로 구현하는 기술을 말한다.

자료출처 : 네이버 사전 / 위키백과

컴퓨팅적 사고력 향상을 위한 방법으로 프로그램 코딩이 사용되고 있으며, 우리는 미래의 변화에 대한 준비를 위해 소프트웨어에 대한 깊이 있는 공부를 하지 않으면 안 될 것이다. 우리 모두는 소프트웨어 교육을 통해 창조적인 컴퓨팅적 사고력 향상을 위해 노력해야 한다. 이런 컴퓨팅적 사고력 향상을 위한 프로그램 코딩 방법에는 여러 가지가 있으나, 본서에서는 그 중 하나인 스크래치를 소개하고자 한다.

스크래치는 2003년 미국 MIT 대학에서 PC용으로 개발되어 현재는 스크래치를 활용한 프로젝트를 인터넷 사용자들에게 공유하도록 발전되어 있다.

우리나라에서는 몇 년 전 스크래치 1.4 버전이 도입되기 시작하여 2019년 1월 3.0 버전으로 업그레이드되어 사용되고 있으며, 아두이노, 레고 등과 결합된 프로그램 코딩을 통해 학생들의 컴퓨팅적 사고력 향상을 위한 교육에 이용되고 있다.

스크래치는 초등학생들도 사용할 수 있을 정도로 아주 쉽게 개발되어, 좋은 소프트웨어 교육용 프로그래밍 언어로 자리 잡고 있다.

1.1 스크래치 3.0 이용하기

스크래치 3.0 버전은 인터넷에 버전과 PC 버전이 있으며, 본 절에서는 인터넷 기반의 스크래치 사용법을 설명한다. 스크래치를 이용하기 위해서는 스크래치 사이트(http://www.scratch.mit.edu/)에 접속하여 스크래치 가입으로 시작한다.

01 화면 오른쪽 상단에 있는 **스크래치 가입**을 클릭한다.

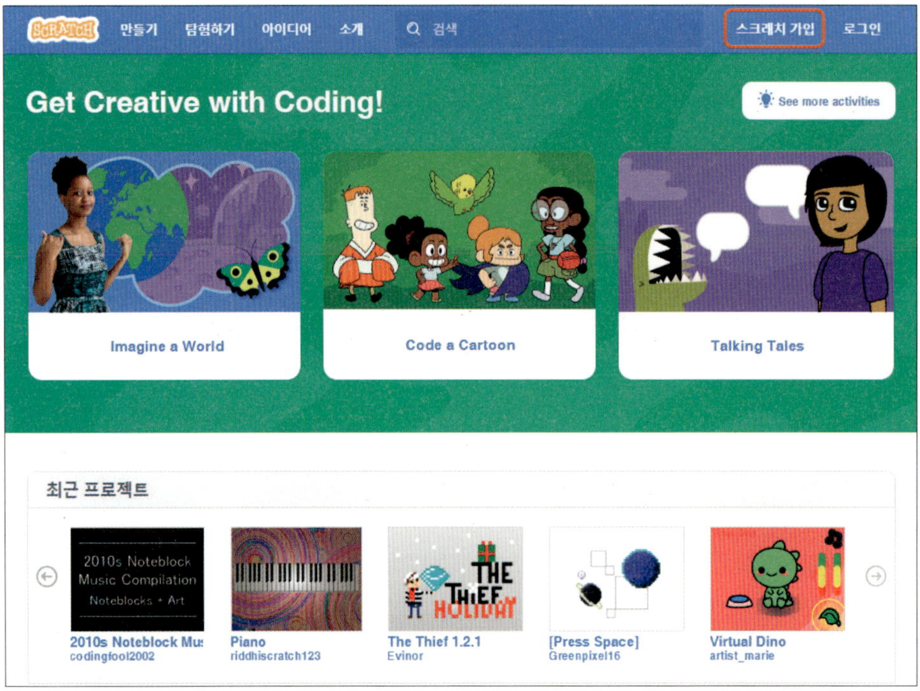

02 스크래치 가입을 위해 사용자 이름과 비밀번호를 입력하고 [다음]을 클릭한다.

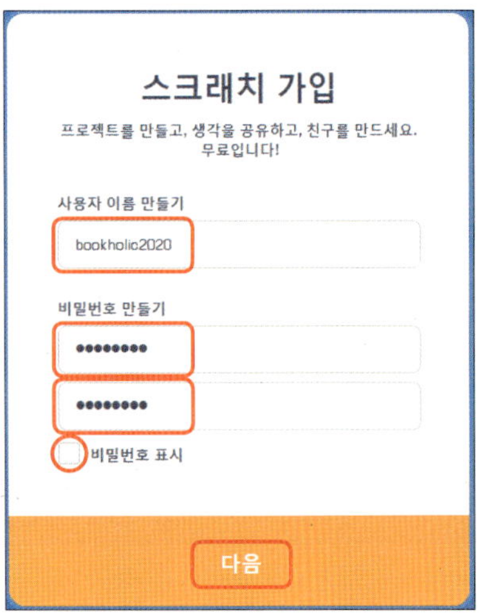

알고가기 스크래치 가입

이미 독자들은 인터넷의 여러 사이트에 가입하여 이용하고 있을 것이다. 다른 인터넷 사이트에서와 같이 사용자의 이름(ID) 및 비밀번호를 잊지 않도록 주의하기 바란다. '비밀번호 표시'를 해제하고 입력하면 입력되는 글자는 '●'으로 표시되며 6글자 이상으로 설정해야 한다.

03 국가 옆에 있는 드롭다운리스트(▼)를 클릭하여 'Korea, Republic of'를 선택하고 [다음]을 클릭한다.

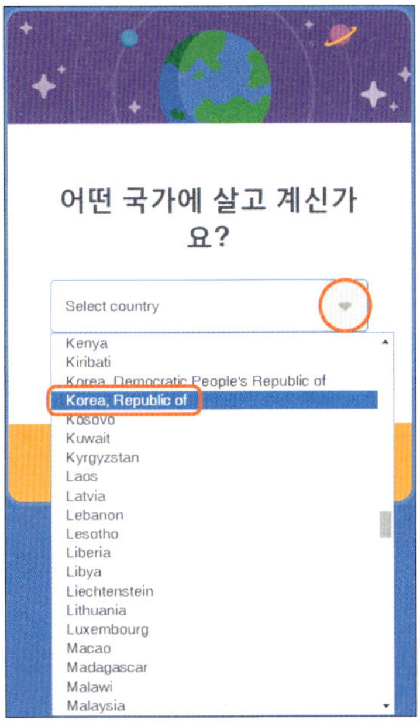

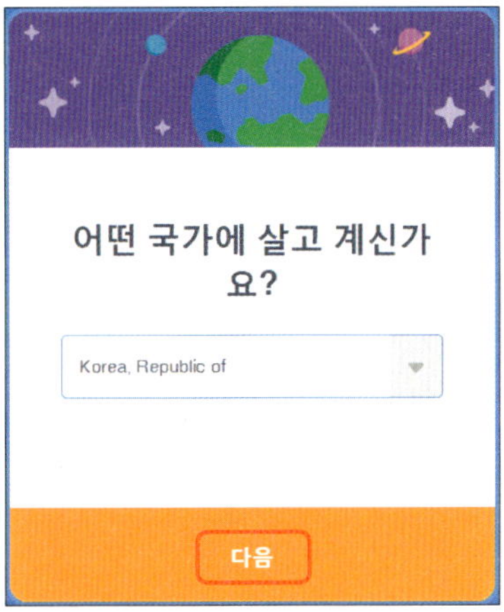

04 드롭다운리스트(▼)를 클릭하여 생일의 년과 월을 입력하고 [다음]을 클릭한다.

05 성별을 클릭하고 [다음]을 클릭한다.

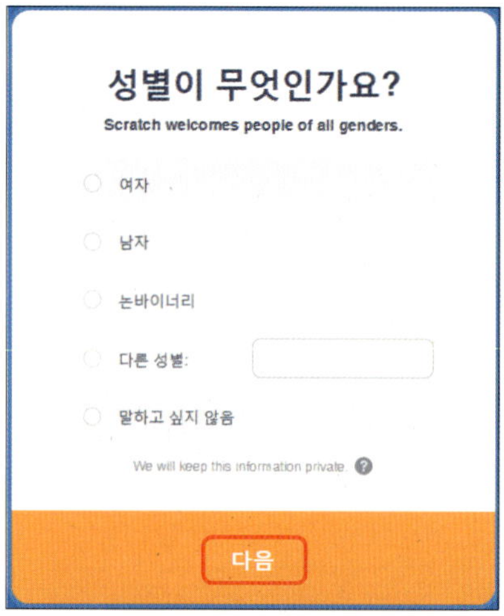

06 이메일 주소를 입력하고 하단의 체크박스(✔)를 클릭하면 스크래치 팀으로 부터 프로젝트 아이디어, 이벤트 등에 관한 이메일을 받을 수 있다. [Create Your Account]를 클릭하면 가입이 완료된다.

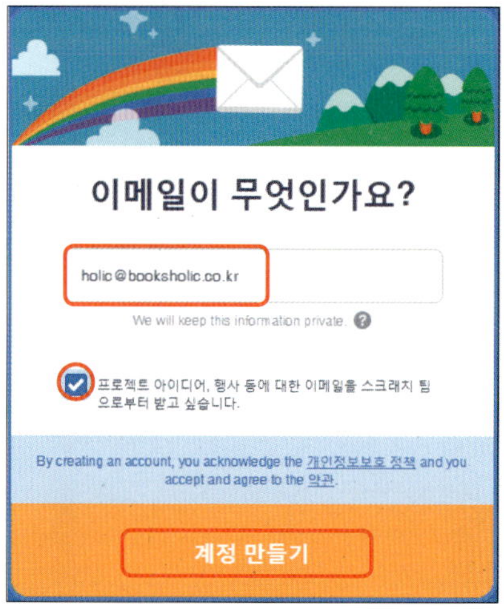

07 [시작하기]를 클릭하면 스크래치를 이용할 수 있다.

1.2 프로그램 만들기

스크래치 홈페이지는 상단에 **만들기, 탐험하기, 아이디어, 소개**가 준비되어 있으며, 하단에는 **소개, 커뮤니티, 지원, 법률, 스크래치패밀리** 등 다양한 정보를 제공하고 있다. 특히 스크래치를 이용한 프로그램을 전 세계 스크래치 이용자들이 공유할 수 있도록 구성되어 있다.

스크래치 프로그램을 만들기 위해서는 화면 상단 메뉴 중 **만들기**를 클릭한다.

스크래치 프로그램 만들기 화면은 4부분 영역으로 구성되어 있다.

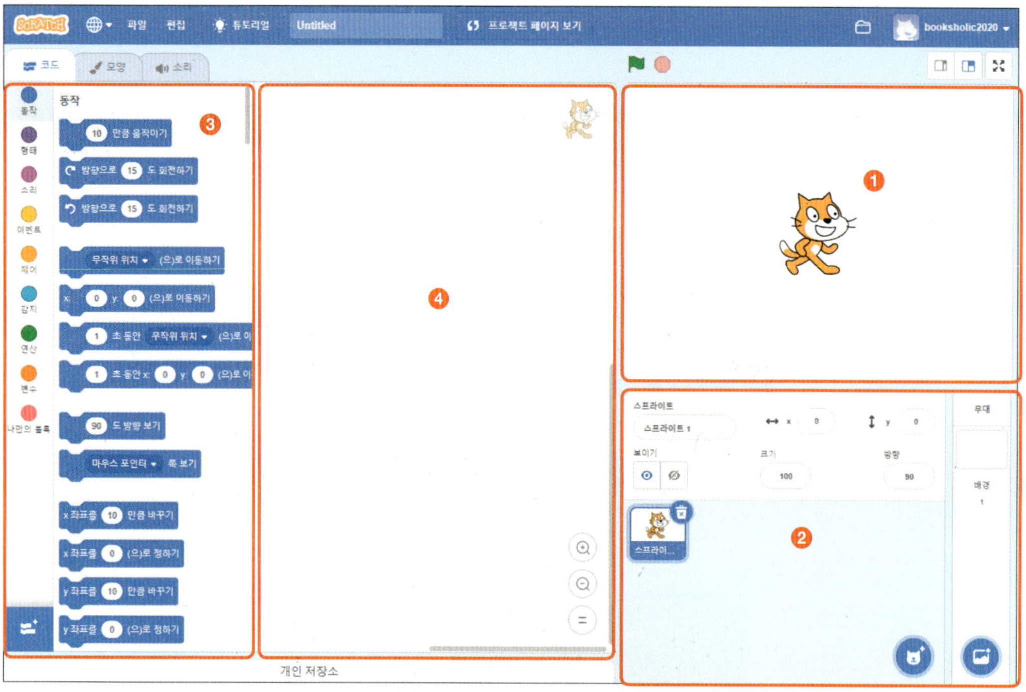

첫 번째(❶) 영역은 무대이며 스프라이트가 동작하는 공간을 의미한다. 즉 프로그램(코드) 실행 시 스프라이트의 동작 공간이다.

두 번째(❷) 영역은 무대와 프로그램의 동작 주체인 스프라이트를 정하는 영역으로, 무대는 기본적으로 흰색 배경이 제공된다. 저장소에 준비된 다양한 배경을 이용할 수 있으며, 사용자가 직접 그리거나 사용자 컴퓨터에 보관된 사진을 이용할 수도 있고 사용자의 웹카메라를 이용하여 사진을 찍어 이용할 수 있다. 스프라이트는 프로그램의 동작 주체로 기본은 "냥이(고양이)"이며, 냥이 외에 스프라이트가 저장되어있는 폴더로 이동하면 종류별로 다양한 스프라이트가 준비되어 있다. 또한 사용자가 직접 그리거나 사용자 컴퓨터에 보관된 사진을 이용할 수도 있고 사용자의 웹카메라를 이용하여 사진을 찍어 이용할 수 있다.

세 번째(❸) 영역은 스프라이트의 동작과 관련된 프로그램을 작성할 수 있는 블록이 준비되어 있으며, 스프라이트의 모양과 소리를 제어할 수 있다.

프로그램을 작성하는 블록은 동작, 형태, 소리, 이벤트, 제어, 감지, 연산, 변수 등 8개의 분류와 나만의 블록으로 구성되어 있으며, 각 분류에는 다양한 블록이 준비되어 있다.

스크립트	기능
● 동작	스프라이트의 움직임과 관련된 블록들이 있다.
● 형태	스프라이트나 무대의 모양을 변화하거나 효과를 주는 블록들이 있다.
● 소리	각종 소리를 제어할 수 있는 블록들이 있다.
● 이벤트	프로그램의 실행과 관련된 블록들이 있다.
● 제어	프로그램의 선택처리, 반복처리와 관련된 블록들이 있다.
● 감지	스프라이트의 동작을 제어할 수 있는 블록들이 있다.
● 연산	각종 수식을 연산할 수 있는 블록들이 있다.
● 변수	변수나 리스트(1차원 배열)의 선언과 이용에 관련된 블록들이 있다.
● 나만의 블록	새로운 블록(함수)을 만들어 사용할 수 있다.

세 번째(③) 영역 하단에는 확장 기능 추가하기( ) 버튼이 있으며 클릭하면 음악, 펜, 비디오 감지, 텍스트 음성 변환(TTS), 번역 등 11개의 추가 기능 블록을 사용할 수 있다.

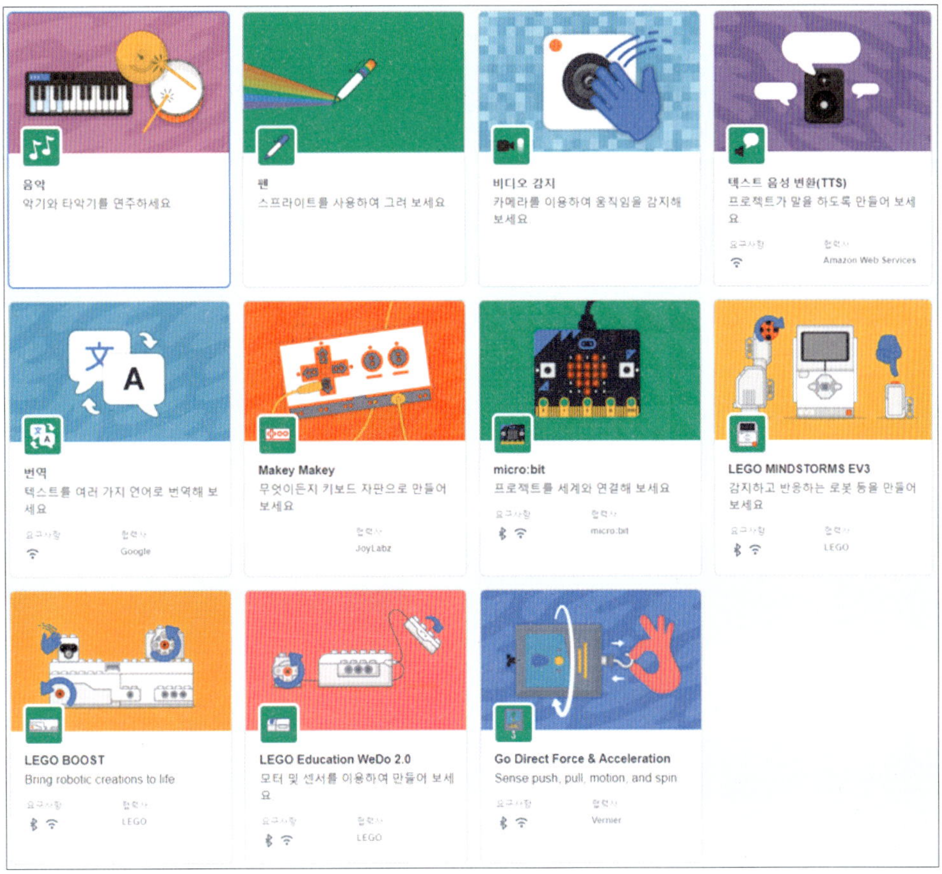

세 번째(❸) 영역 상단에는 [코드], [모양], [소리] 등의 기능 탭이 있다. [코드] 탭은 프로그램을 작성할 수 있는 코드 창이 나타나며, [모양] 탭은 스프라이트의 모양들을 볼 수 있으며, 무대나 스프라이트를 그릴 수 있는 그림판으로 변경된다. [소리] 탭은 스프라이트의 소리 파일을 저장소에서 선택하여 추가할 수 있다.

네 번째(❹) 영역은 스프라이트의 동작을 구체적으로 명시하는 영역으로 세 번째 영역의 블록을 이용하여 스프라이트의 동작과 관련된 프로그램을 작성하는 영역이다.

마지막으로 무대 왼쪽 위의 녹색 깃발( )은 프로그램을 시작할 때 사용하며, 빨간색 팔각형( )은 프로그램을 종료할 때 사용한다. 오른쪽 위에 있는 버튼은 무대의 크기를 조절하거나 무대를 전체 화면으로 전환하는 기능이 있다.

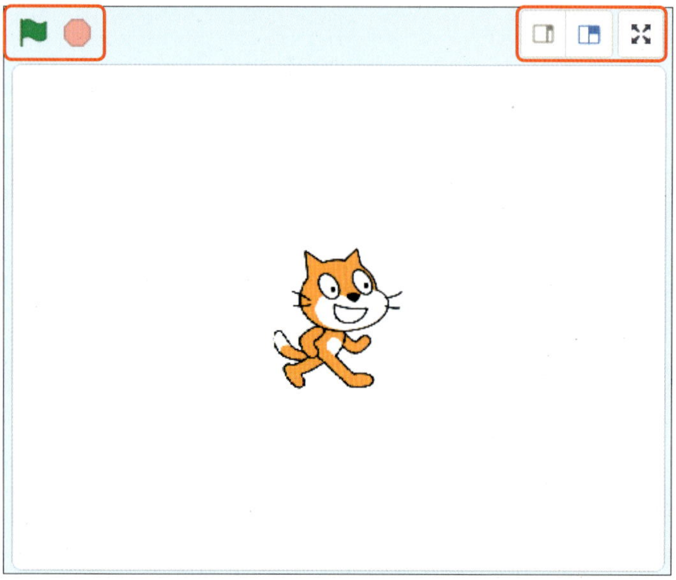

1.3 스크래치 따라하기

다음으로 스크래치에 어떤 기능들이 있는지 알아보자.

스크래치를 실행하면 무대에 기본적으로 고양이("냥이") 스프라이트가 나타나며, 무대 배경은 흰색이 된다. 먼저 무대 배경을 원하는 그림으로 변경해 보자.

1 무대 배경 변경하기

01 마우스 포인터를 [무대]에서 **배경 고르기()**에 위치시키면 4개의 아이콘이 나타난다.

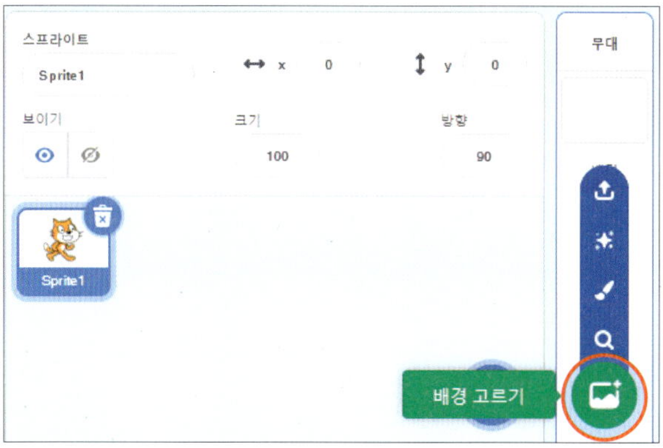

알고가기 무대의 배경을 설정하기 위해 스크래치는 4가지 방법을 이용한다.

- **배경 업로드하기** : 컴퓨터의 파일 이용하기
- **서프라이즈** : 배경 저장소에서 임의로 선택하기
- **그리기** : 그림판을 이용하여 그리기
- **배경 고르기** : 배경 저장소에서 선택하기

02 배경 저장소에는 주제별로 다양한 배경이 준비되어 있다. **바닷속**을 클릭하면 관련된 그림들이 나타난다.

03 Underwater1을 선택하면 무대의 배경이 바뀌게 된다. 마우스를 이용하여(drag and drop) "냥이" 스프라이트의 위치를 이동하여 자연스러운 무대를 만들어 보자.

04 마우스를 이용하여 "냥이"를 무대 좌측으로 이동한다.

2 스프라이트("냥이") 움직이기

01 [스프라이트]에서 **냥이** 스프라이트를 선택하고 **모양** 탭을 선택하면 두 개의 "냥이"가 나타나게 되며 이름은 모양 1, 모양 2이다. 이때 각 그림의 이름을 변경할 수 있다.

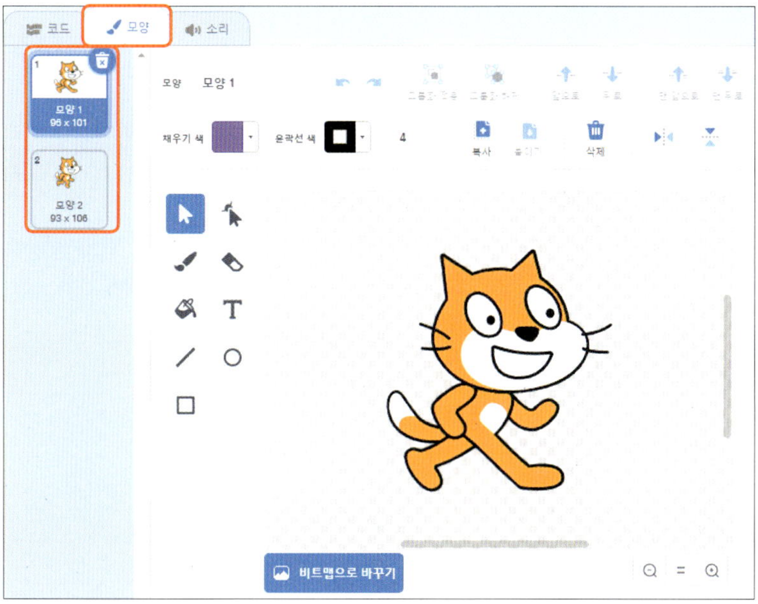

02 **코드** 탭을 선택하고 형태 – 모양을 [모양 2▼](으)로 바꾸기 블록을 스크립트 창(④ 영역)으로 옮긴다(drag and drop).

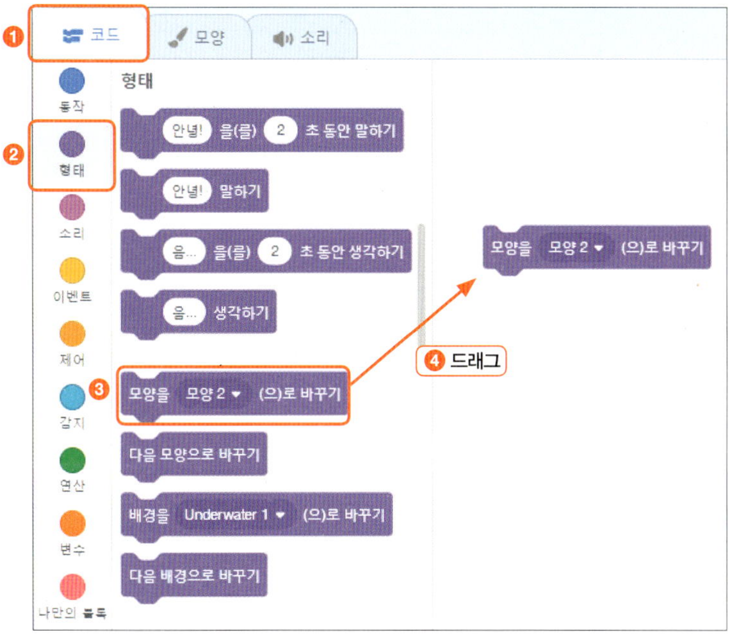

03 [모양 2▼]의 드롭다운리스트(▼)를 클릭하여 "냥이" 스프라이트의 2개 모양에 대한 이름이 나타나면 **모양 1**을 선택한다.

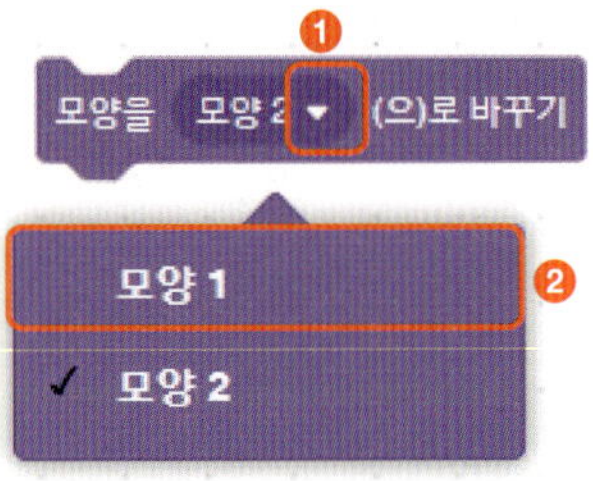

알고가기 현재 스프라이트 냥이 모양의 이름이 '모양 1', '모양 2'이다.

04 다음 모양을 위해 형태 – 모양을 [모양 1▼](으)로 바꾸기 블록을 새로 추가하거나 현재 블록을 복사하여 이용할 수 있다. 현재 블록에서 마우스 오른쪽 버튼을 클릭한 후 **[복사하기]**를 선택한다.

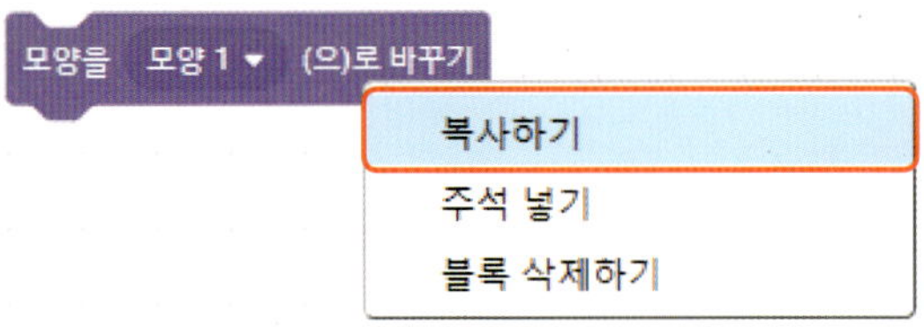

05 복사된 블록을 현재 블록 하단에 추가하고 **모양 2**로 변경한다.

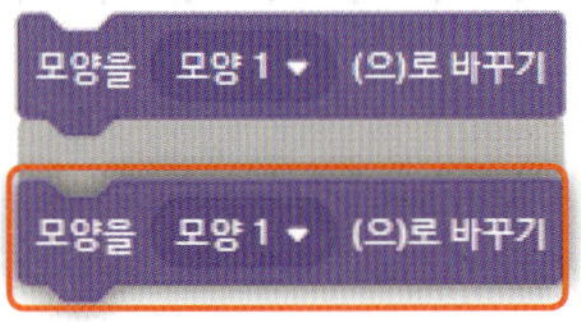

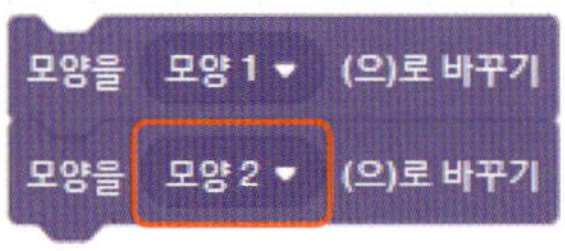

06 블록을 클릭하여 실행하면 '냥이' 스프라이트가 너무 빨리 변하여 움직이므로 감지하기가 어렵다. 따라서 모양이 변화하는 것을 보기 위해 제어 – (1)초 기다리기 블록을 모양 바꾸기 블록 상단에 추가한다.

07 다시 한 번 더 제어 – (1)초 기다리기 블록을 모양 바꾸기 블록 사이에 삽입한다. 블록을 드래그(drag)하여 삽입하고자 하는 위치로 이동했을 때 블록이 벌어지고 마우스를 드롭(drop)하면 삽입된다.

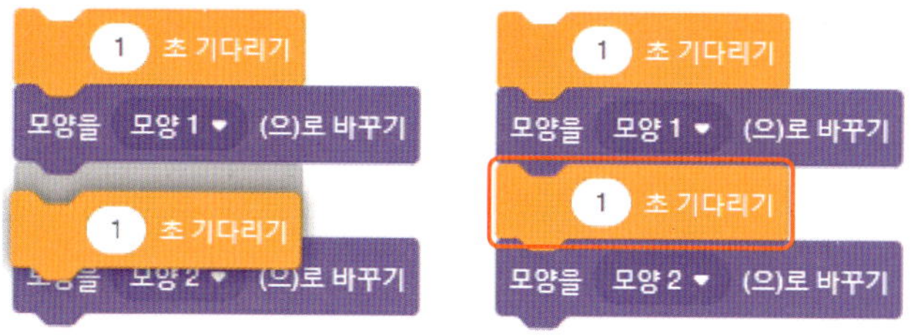

08 블록을 클릭하여 "냥이" 스프라이트의 움직임을 확인한다.

> **알고가기** 블록을 클릭하면 블록 주변이 노란색으로 변하며, 블록(프로그램)이 실행된다.

09 모양 바꾸기를 여러 번 반복하여 "냥이" 스프라이트가 움직이도록 해보자. 제어 – (10)번 반복하기를 선택하고, 앞서 만들었던 2개의 모양 바꾸기 블록 외곽에 위치시킨 후 실행(블록 클릭)하면 냥이의 모양이 연속으로 10번 바뀌게 되어 마치 스프라이트가 움직이는 것처럼 보일 것이다.

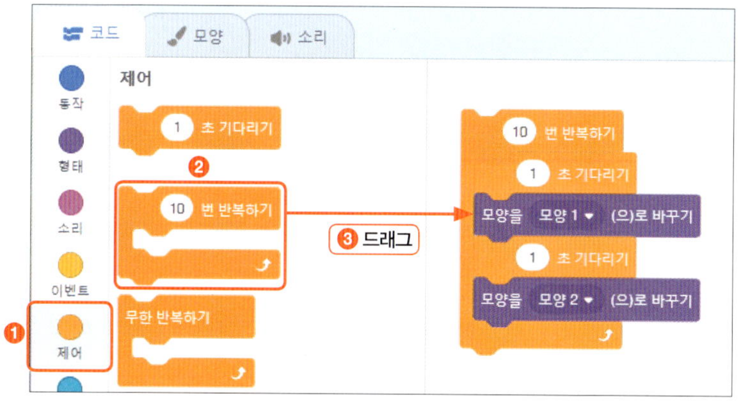

10 좀 더 실감 있게 하기 위해 동작 – (10)만큼 움직이기 블록을 이용하여 스크립트를 다음과 같이 만들어 실행해보자.

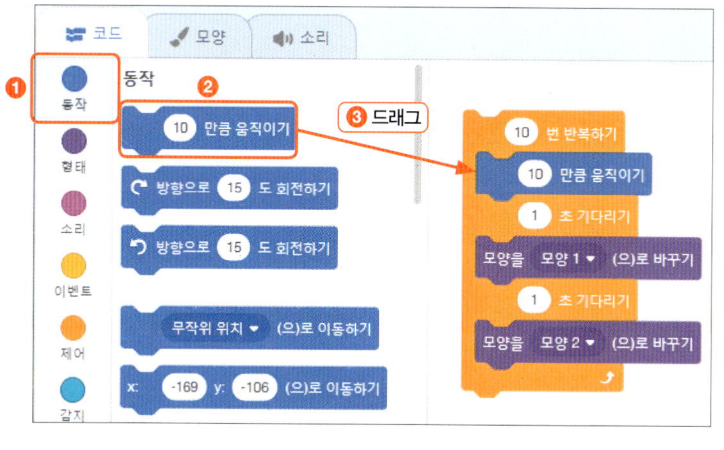

11 "냥이" 스프라이트가 무대 왼쪽에서 오른쪽으로 조금씩 이동하는 것을 확인할 수 있다. 이때 반복횟수, 움직이는 간격, 기다리는 시간 등의 숫자를 변경하여 사용자가 원하는 만큼 조절할 수 있다.

3 소리 이용하기

이미 만들어 놓은 블록에 "냥이" 스프라이트의 움직임 따른 효과음을 삽입해 보자.

01 소리 – [야옹▼] 재생하기 블록을 선택하여 모양 바꾸기 블록 밑에 삽입한 후 실행하면 소리와 함께 실감나는 움직임을 확인할 수 있다.

02 같은 방법으로 "모양 2"에 대해서도 소리 – [야옹▼] 재생하기 블록을 삽입하고, 제어 – {1}초 기다리기 블록을 추가로 삽입한다.

03 블록을 클릭하여 움직임에 맞춰 소리가 재생되는지 확인해 보자.

4 스프라이트 추가하기

01 무대에 새로운 스프라이트를 추가해 보자. 마우스 포인터를 무대 하단의 [스프라이트]에서 스프라이트 고르기( )에 위치시키면 4개의 아이콘이 나타난다.

알고가기 스프라이트 고르기도 배경 고르기와 같이 4가지 방법을 이용한다.

- **스프라이트 업로드하기** : 컴퓨터의 파일 이용하기
- **서프라이즈** : 스프라이트 저장소에서 임의로 선택하기
- **그리기** : 그림판을 이용하여 그리기
- **스프라이트 고르기** : 스프라이트 저장소에서 선택하기

02 스프라이트 저장소에는 주제별로 다양한 스프라이트가 준비되어 있다.

03 **동물**을 클릭하면 관련된 그림들이 나타나며 이 중에서 Crab을 선택한다.

04 무대에 Crab 스프라이트가 추가되었음을 확인한다. 마우스를 이용하여 "냥이"와 "Crab"의 위치를 조절하여 자연스러운 무대를 만들어 보자.

알고가기

스프라이트를 드래그 앤 드롭하여 무대에서 원하는 위치로 이동시킬 수 있다.

05 "냥이"와 "Crab" 스프라이트의 크기가 잘 어울리지 않음으로 이를 자연스럽게 바꾸기 위해 "Crab" 스프라이트의 크기를 조절해 보자. [스프라이트]에서 Crab 스프라이트를 선택하고 **코드** 탭에서 형태 – 크기를 {10}만큼 바꾸기 블록을 스크립트 창으로 이동한다. {10}을 {-10}으로 변경하여 클릭하면 "Crab" 스프라이트의 크기가 줄어들게 되며, 여러 번 반복하여 적당한 크기로 조절한다.

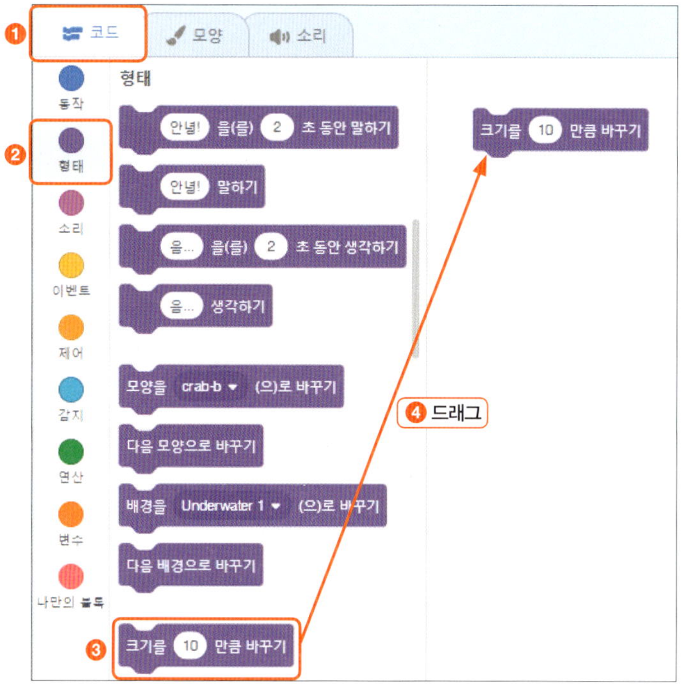

알고가기

Crab 스프라이트의 크기 조정이 완료되면 블록에서 마우스 오른쪽 버튼을 눌러 [블록 삭제하기]를 선택하여 삭제한다.

06 "Crab" 스프라이트도 움직이도록 설정해보자. [스프라이트]에서 Crab을 선택하고, "냥이" 스프라이트의 움직임과 동일한 방법으로 아래와 같이 만들어 보자.

❶ {10}번 반복하기
 ❷ 모양을 [crab–a▼](으)로 바꾸기
 ❸ {1}초 기다리기
 ❹ 모양을 [crab–b▼](으)로 바꾸기
 ❺ {1}초 기다리기

07 블록을 클릭하여 "Crab" 스프라이트를 움직여보자. Crab의 움직임을 좀 더 활발하게 하려면 제어 – {1}초 기다리기 블록의 시간을 조절(0.5초)한다.

08 이번에는 "냥이"와 "Crab"를 같이 움직여 보자. 먼저 Crab 스프라이트에 이벤트 – 클릭했을 때 블록을 이용한다.

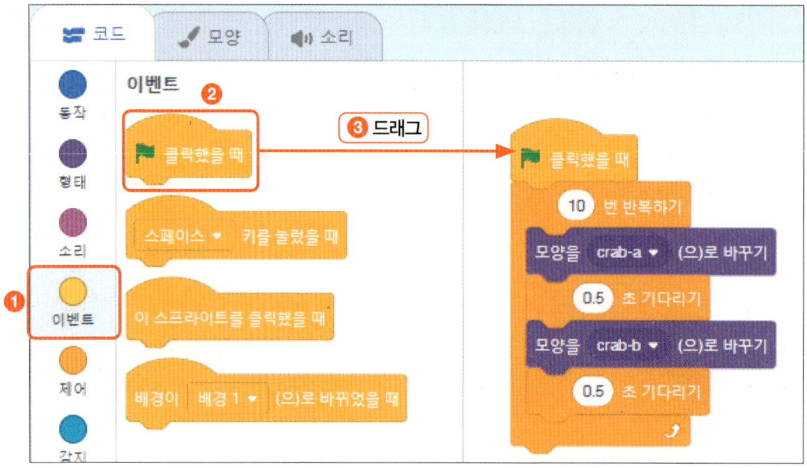

09 냥이 스프라이트에서도 이벤트 – 클릭했을 때 블록을 이용한다.

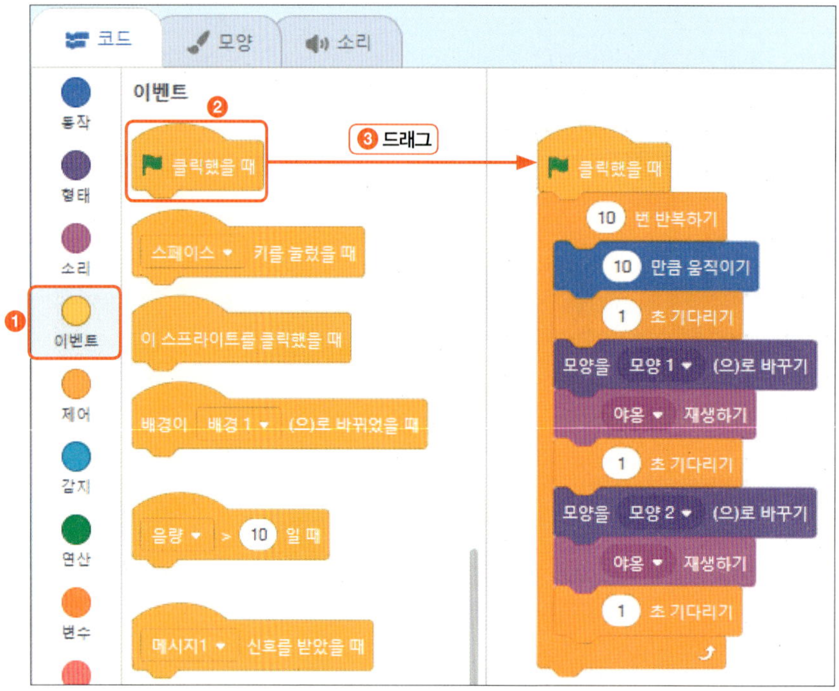

10 무대 오른쪽 위에 **녹색 깃발(⚑)**을 클릭하면 두 개의 스프라이트가 동시에 움직이는 것을 확인할 수 있다. 프로그램 실행을 종료하려면 무대 오른쪽 상단의 **빨간색 팔각형(●)**을 클릭한다.

5 말하기

01 각 스프라이트에 말하기 기능을 추가해 보자. [스프라이트]에서 **냥이** 스프라이트를 선택하고, 이벤트 – ⚑ 클릭했을 때 블록 아래에 형태 – {Hello!}을(를) {2}초 동안 말하기 블록을 삽입한다.

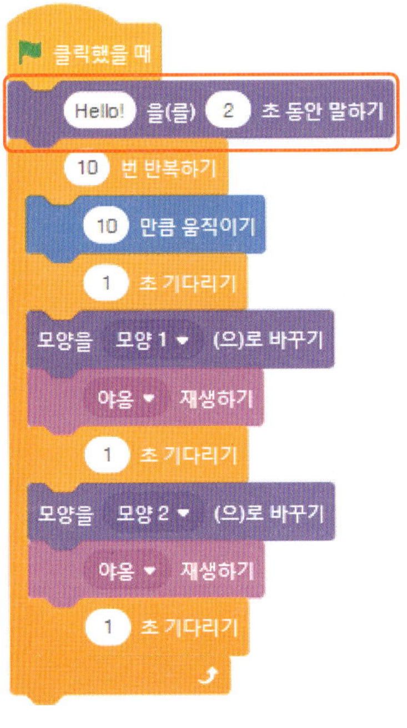

02 같은 방법으로 Crab 스프라이트의 스크립트에도 형태 – {Hello!}을(를) {2}초 동안 말하기 블록을 삽입한다.

03 녹색 깃발(🏁)을 클릭하여 실행하면 두 스프라이트가 동시에 "Hello!"라고 말하는 것을 확인할 수 있다.

> **알고가기**
> "Hello!"를 "안녕!"으로 수정하여 실행해 보자.

04 만약 "냥이"가 먼저 말하고, "Crab"이 나중에 말하도록 하려면 Crab 스프라이트의 스크립트에 제어 – {1}초 기다리기 블록을 {Hello!}을(를) {2}초 동안 말하기 블록을 위에 추가하면 보다 자연스러운 대화가 이루어진다.

1.4 스크래치 3.0 다운받아 사용하기

1.1절에서 설명한 바와 같이 스크래치 PC 버전을 다운 받아 컴퓨터에 설치하여 사용할 수 있다.

01 스크래치를 다운받기 위해서 스크래치 사이트(https://scratch.mit.edu/)에 접속한다.

02 스크래치 홈 페이지에서 **소개**를 클릭하면 스크래치에 대한 자료가 화면에 나타나며, 각종 자료들을 참조하여 스크래치에 대해 이해할 수 있다.

03 화면 하단 중앙에 **지원** 밑에 **다운로드**를 선택한다.

04 화면 중간에서 자신이 사용하는 운영체제를 선택하고, 하단의 **바로 다운로드**를 선택하여 오프라인 에디터를 다운로드한다.

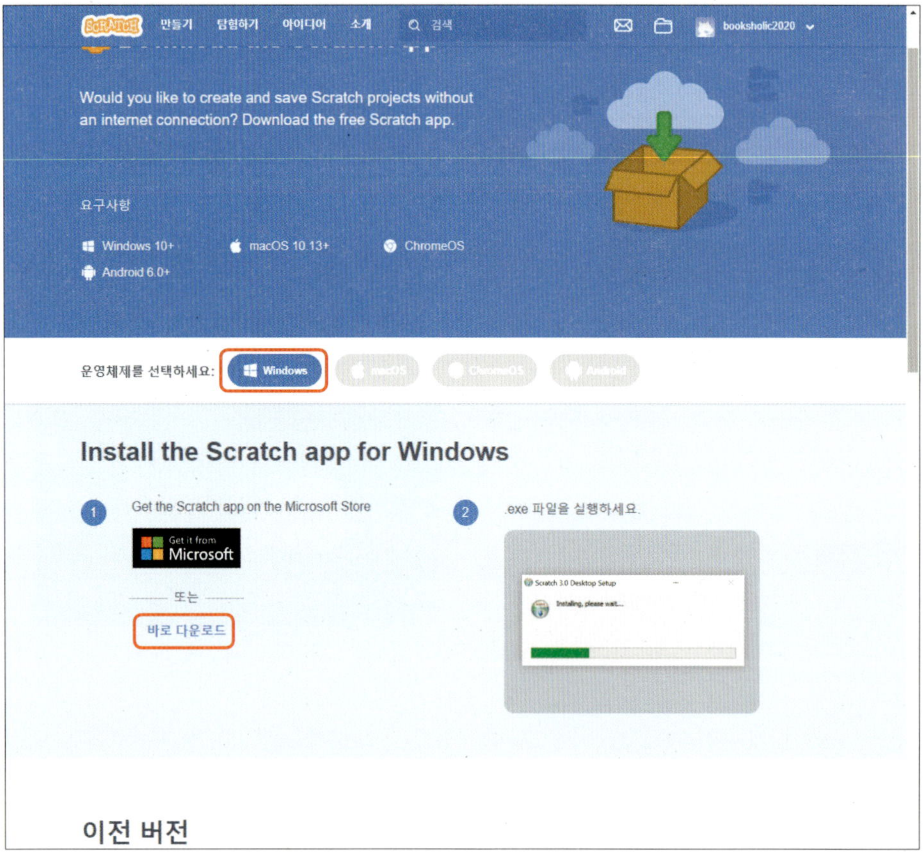

05 본서는 윈도우 버전으로 다운 받은 후 Scratch Desktop Setup 3.6.9.exe 파일을 더블클릭하여 설치한다. [설치] 버튼을 클릭한다.

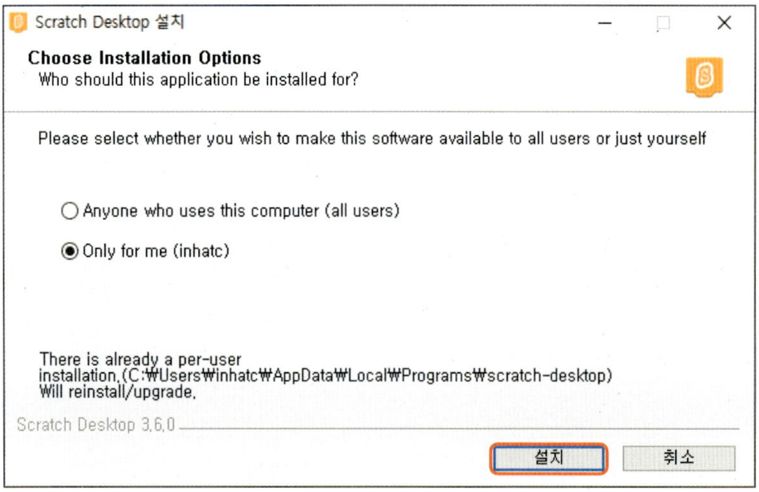

알고가기

다운 받는 시점에 따라 버전 숫자는 달라질 수 있다.

06 프로그램 설치가 진행된 후에 설치 완료 화면이 나타나며 [마침] 버튼을 클릭한다.

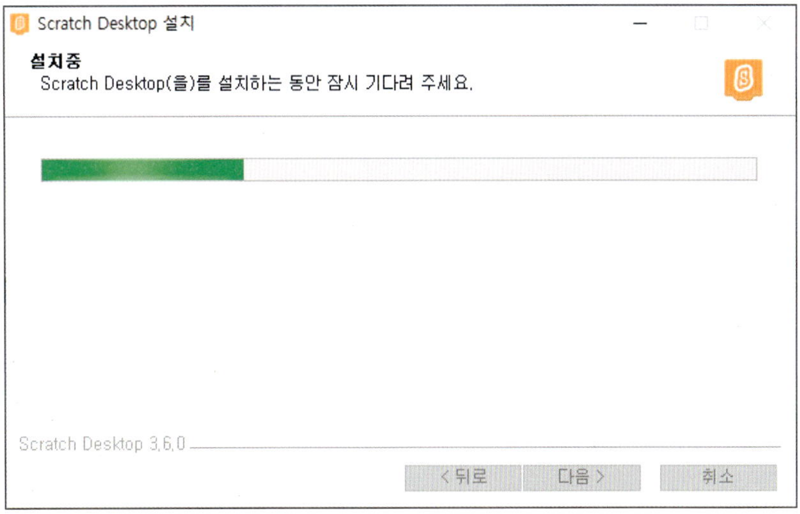

07 설치가 끝나면 바탕화면에 Scratch Desktop 아이콘이 나타나며, 이를 실행하면 스크래치 만들기 화면과 같은 화면이 나타난다. 이후의 작업은 이전과 동일하게 프로그램을 작성하여 실행하면 된다.

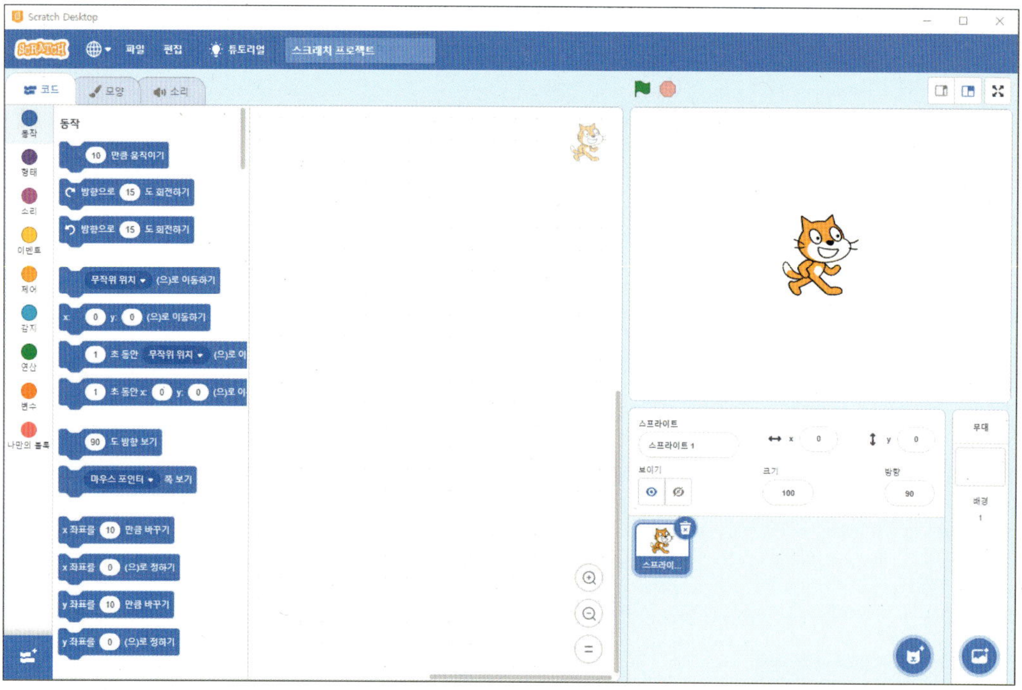

자! 이제 본격적으로 스크래치를 이용한 프로그램을 공부해 봅시다.

Chapter 01 연습문제

■ **다음과 같이 냥이와 펭귄이 대화하는 프로그램을 작성하시오.**

처리 조건

- 무대의 배경은 'Slopes'로 한다.
- 냥이 스프라이트와 대화할 펭귄(Penguin 2) 스프라이트를 추가하고 크기를 조정한다.
- 냥이 스프라이트의 초기 위치는 무대 왼쪽 하단에 위치하도록 한다.
- 냥이 스프라이트는 'Hello!'를 2초 동안 말하고 무대 오른쪽으로 1초에 10만큼 이동한다.
- 냥이 스프라이트는 이동할 때 모양 바꾸기 블록을 이용하여 걸어가는 모습으로 처리한다.
- 펭귄 스프라이트의 초기 위치는 무대 오른쪽 하단에 위치하도록 한다.
- 펭귄 스프라이트는 프로그램이 시작하면 2초 후 'Hello!'를 2초 동안 말한다.
- 펭귄 스프라이트는 모양을 바꾸기 블록을 이용하여 제자리에서 움직이도록 처리한다.

02

CHAPTER

노래 연주하기

Scratch Programming

학습목표

- 다양한 스프라이트 스크립트 작성하기
- 음악 블록 기능 이해하기
- 음악 블록을 이용하여 연주하기

2.1 산토끼 노래 연주하기

스크래치를 이용하여 노래를 연주하는 프로젝트를 만들어 보자. 노래는 다음 악보와 같이 우리가 잘 알고 있는 동요 "산토끼"로 한다.

무대는 다음과 같이 학교 그림을 배경으로 하고 인터넷에서 악보를 구해 스프라이트를 업로드하여 사용한다.

1 연주 무대 만들기

01 설치한 스크래치 아이콘을 실행(더블클릭)하여 프로그램을 표시한다.

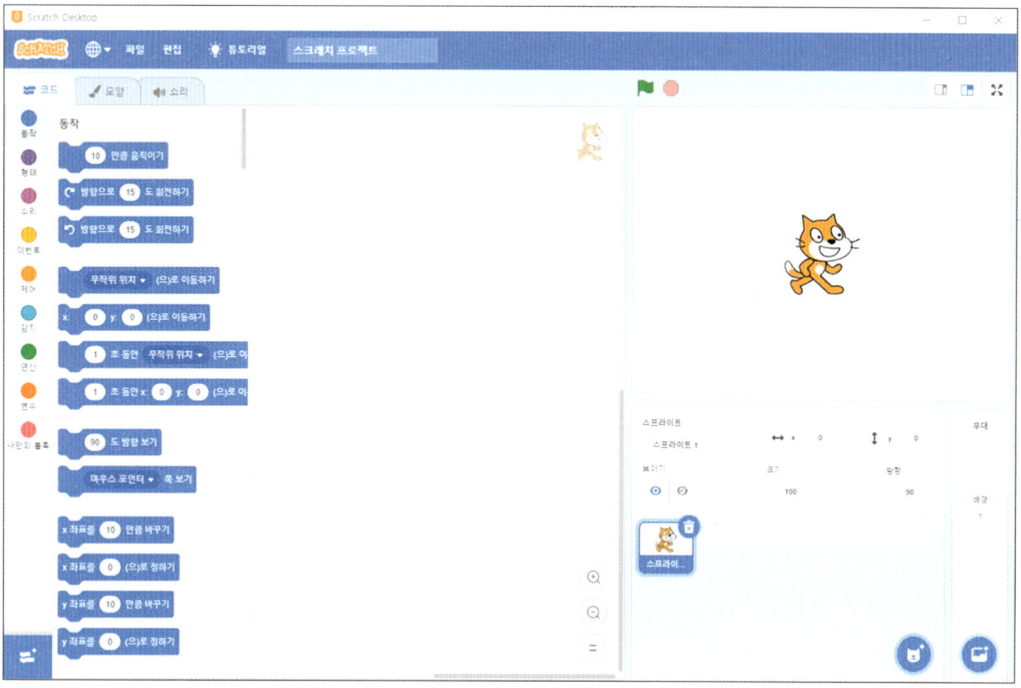

02 이번 프로그램은 냥이가 필요 없으므로 [스프라이트]에서 "냥이" 스프라이트 오른쪽 상단의 휴지통을 클릭하거나 "냥이" 스프라이트에서 마우스 오른쪽 버튼을 클릭한 후 [삭제]를 선택한다.

03 무대 배경을 변경하기 위해 [무대]에서 **배경 고르기**( )를 클릭한다.

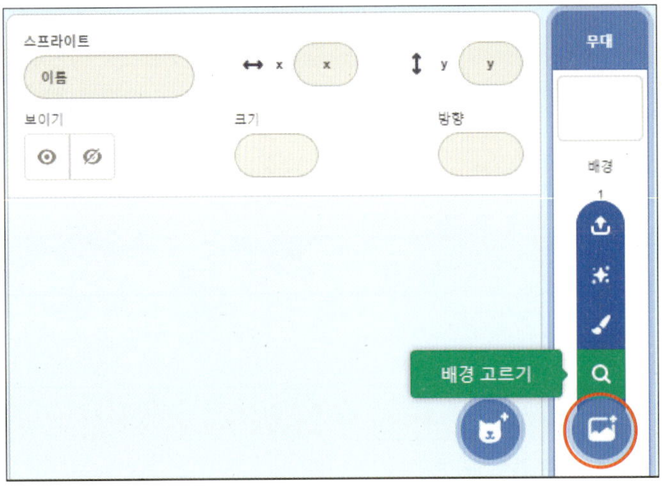

04 검색란에 “school”을 입력한 후 School을 선택한다.

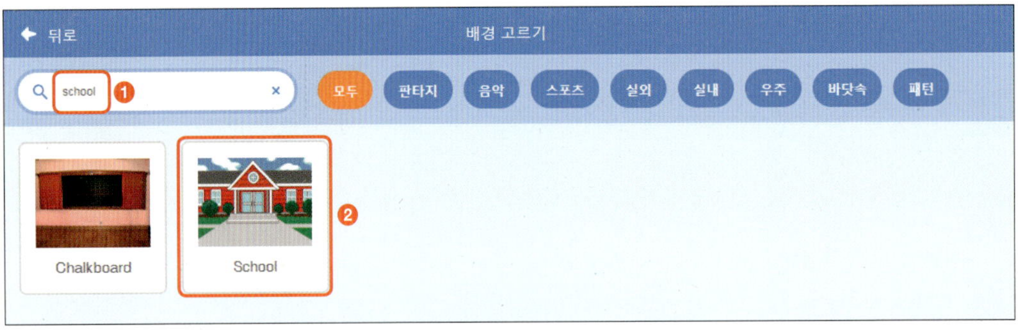

05 무대 배경이 학교로 변경되었다.

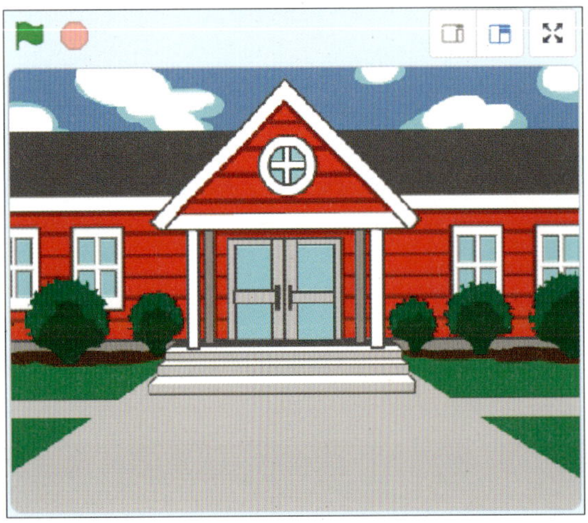

06 산토끼 악보를 사진 파일로 준비한 후 [스프라이트]에서 **스프라이트 업로드하기( )**를 클릭한다. [열기] 창에서 산토끼 악보 파일을 선택하고 [열기] 버튼을 클릭하여 업로드한다.

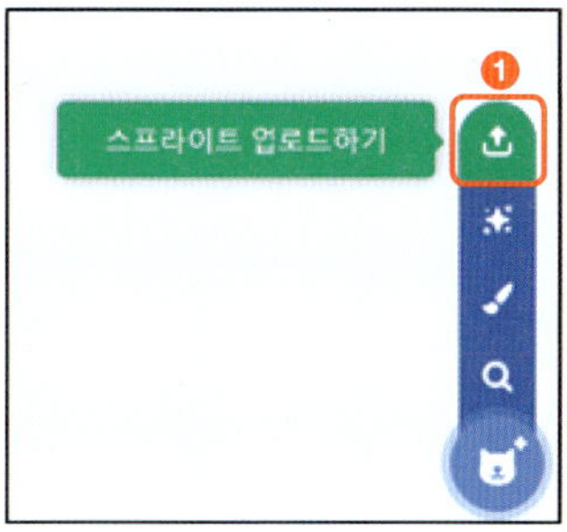

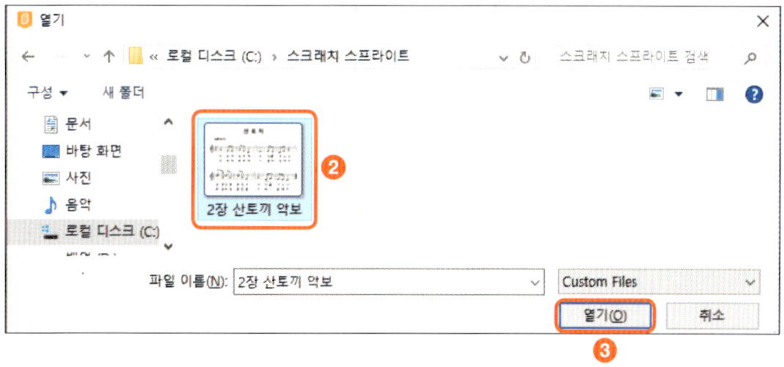

알고가기 독자들은 미리 인터넷에서 악보를 다운 받아 사용한다.

07 산토끼 악보의 크기가 무대와 어울리지 않을 경우 스프라이트의 크기를 조절하여 무대와 어울리도록 변경하고, 위치를 적당한 곳으로 이동한다(사용자의 그림 크기에 따라 조절한다).

알고가기

스프라이트의 크기는 형태 - 크기를 {10}만큼 바꾸기 블록을 이용할 수도 있고, 스프라이트에서 크기의 숫자를 조정할 수도 있다.

2 피아노 연주 프로그램 만들기

피아노 연주에 대한 프로그램을 작성해 보자. 음악과 관련된 코드를 작성하기 위해서는 확장 기능의 음악 분류 블록을 이용해야 한다.

01 화면 왼쪽 하단의 **확장 기능 추가하기(   )** 버튼을 클릭한다.

02 표시되는 확장 기능들 중에서 **음악**을 선택한다.

03 음악 분류를 선택한 후 추가된 블록을 확인한다. 음악 분류에는 연주나 빠르기와 관련된 블록들이 준비되어 있다. 멜로디를 연주하는 악기 관련된 블록, 드럼 등 타악기 연주 관련된 블록, 빠르기 관련 블록들이 추가된다.

04 이벤트 – 🏁클릭했을 때 블록을 시작으로 산토끼를 연주할 코드를 만들어 보자. 음악 – 악기를 [(1)피아노▼](으)로 정하기 블록을 선택하여 스크립트 창으로 이동한다.

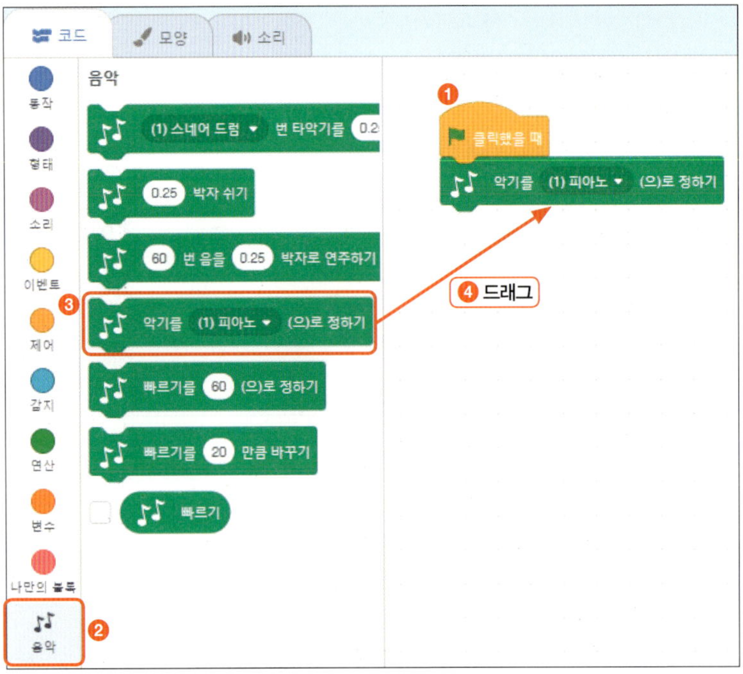

05 [(1)피아노▼]의 드롭다운리스트(▼)를 클릭하면 (1)피아노부터 (21)신드 패드까지 21개의 악기가 준비되어 있다. 이번 프로그램에서는 (1)피아노를 선택한다.

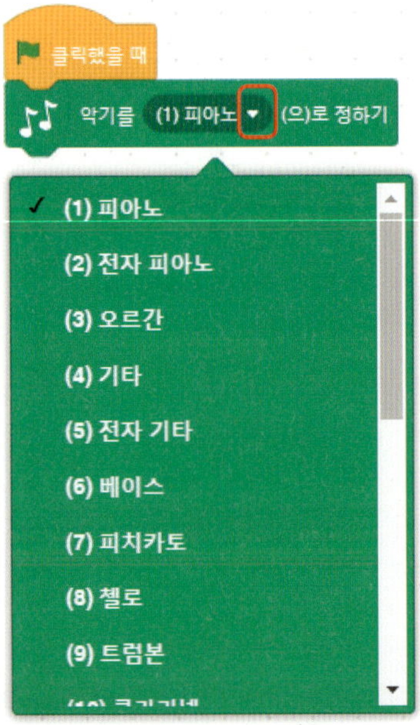

06 악기를 결정했으므로 악보에 따라 음계를 추가한다. 음악 – {60}번 음을 {0.25}박자로 연주하기 블록을 음악 – 악기를 [(1)피아노▼](으)로 정하기 블록 아래에 추가한다.

07 음악 – {60}번 음을 {0.25}박자로 연주하기 블록에서 {60}번을 클릭하면 한 옥타브(C(60)~C(72))에 해당되는 음반이 표시되어 원하는 음을 선택할 수 있다. 음이나 박자는 숫자를 직접 입력할 수 있으며 건반의 오른쪽과 왼쪽의 화살표를 이용하여 건반의 위치를 변경할 수 있다.

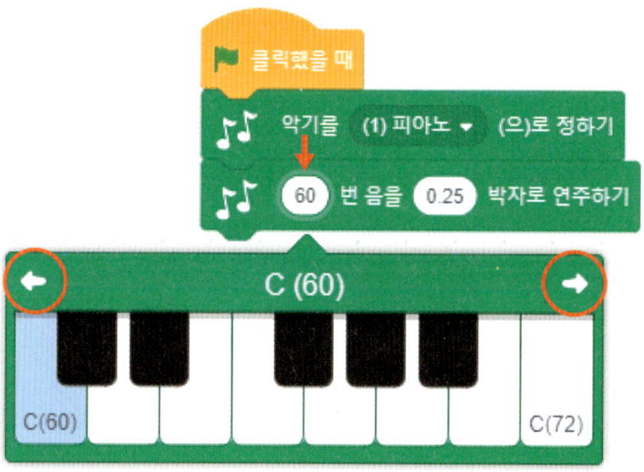

알고가기

악기를 바꾸어 스크래치에서 준비된 21개의 악기 소리를 확인해 보자. 건반을 이용하여 음을 선택할 수도 있고 숫자를 직접 변경하여 음을 선택할 수도 있다.

08 이번 프로그램에서 다루는 노래인 "산토끼" 악보를 보고 연주를 완성한다. 이미 만들어진 블록에서 마우스 오른쪽 버튼을 클릭하여 [복사하기]를 이용하면 좀 더 작업이 수월하다.

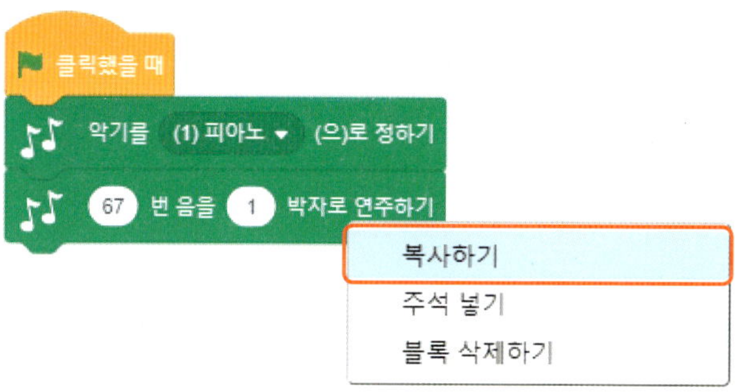

09 산토끼 악보에 맞춰 완성된 피아노 연주는 다음과 같다.

알고가기

한 마디를 완성하고, 한 마디를 한 번에 복사할 수도 있다.

10 블록을 클릭하여 연주를 들어본다. 문제가 없으면 블록 마지막에 제어 – 멈추기 [모두▼]를 삽입한다.

11 피아노 연주가 완성되었다. 무대 상단의 녹색 깃발(🏴)을 이용하여 프로그램을 실행해 보자.

3 드럼 연주 프로그램 만들기

01 피아노 연주에 드럼 소리를 추가해 보자. 드럼은 피아노와 함께 연주되어야 함으로 이벤트 – 🏴 클릭했을 때 블록으로 시작한다. 음악 – [(1)스네어 드럼▼]번 타악기를 (0.25)박자로 연주하기 블록을 선택하여 스크립트 창으로 이동한다.

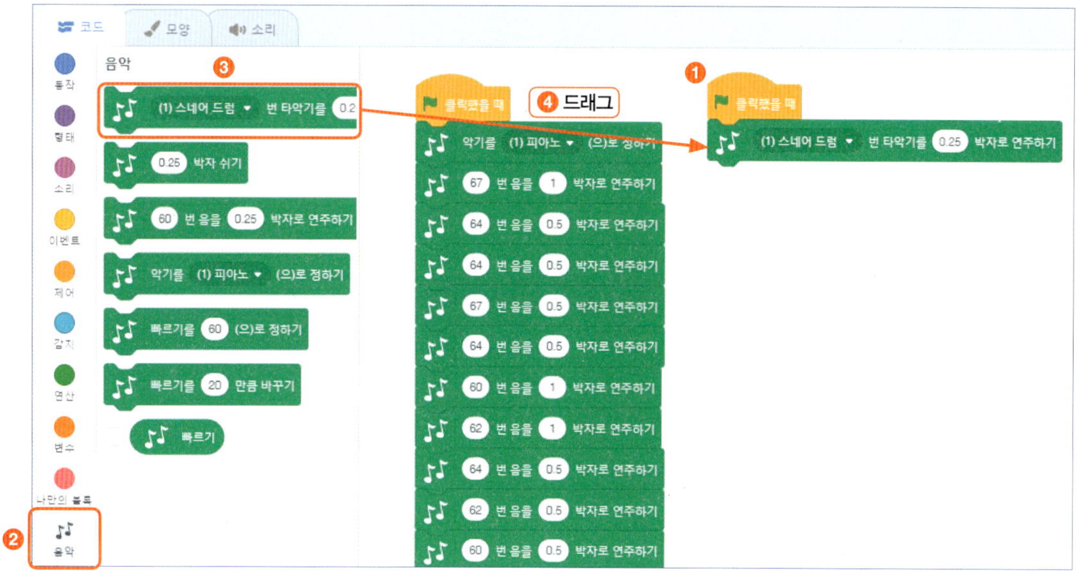

02 [(1)스네어 드럼▼]의 드롭다운리스트(▼)를 클릭하면 (1)스네어 드럼부터 (18)쿠이카까지 18개의 타악기가 준비되어 있다. 이번 프로그램에서는 (1)스네어 드럼, (2)베이스 드럼, (6)닫힌 하이햇을 이용한다.

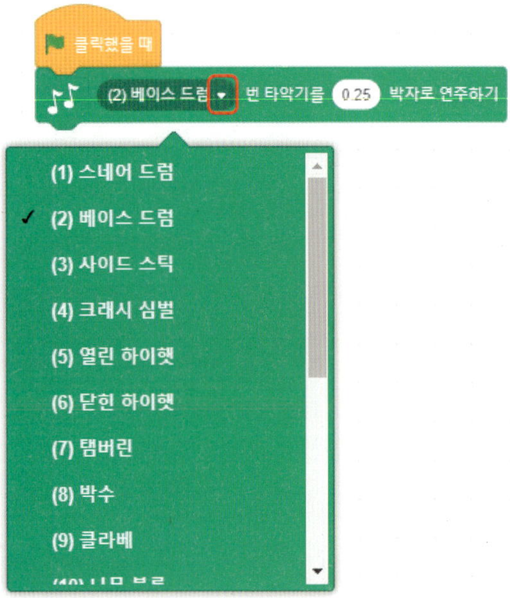

> **알고가기**
>
> 타악기 종류를 바꾸어 소리를 확인하고 사용자의 기호에 따라 선택한다.

03 나머지 스프라이트에 대한 연주 스크립트를 작성한다. 드럼 반주의 경우 한 마디별로 같은 음이 반복되는 경우가 많으므로 한 마디를 완성하고 블록을 복사하여 이전 블록에 이어 붙이면 쉽게 음악 전체를 완성할 수 있다.

04 산토끼 악보에 맞춰 완성된 타악기 연주는 다음과 같다.

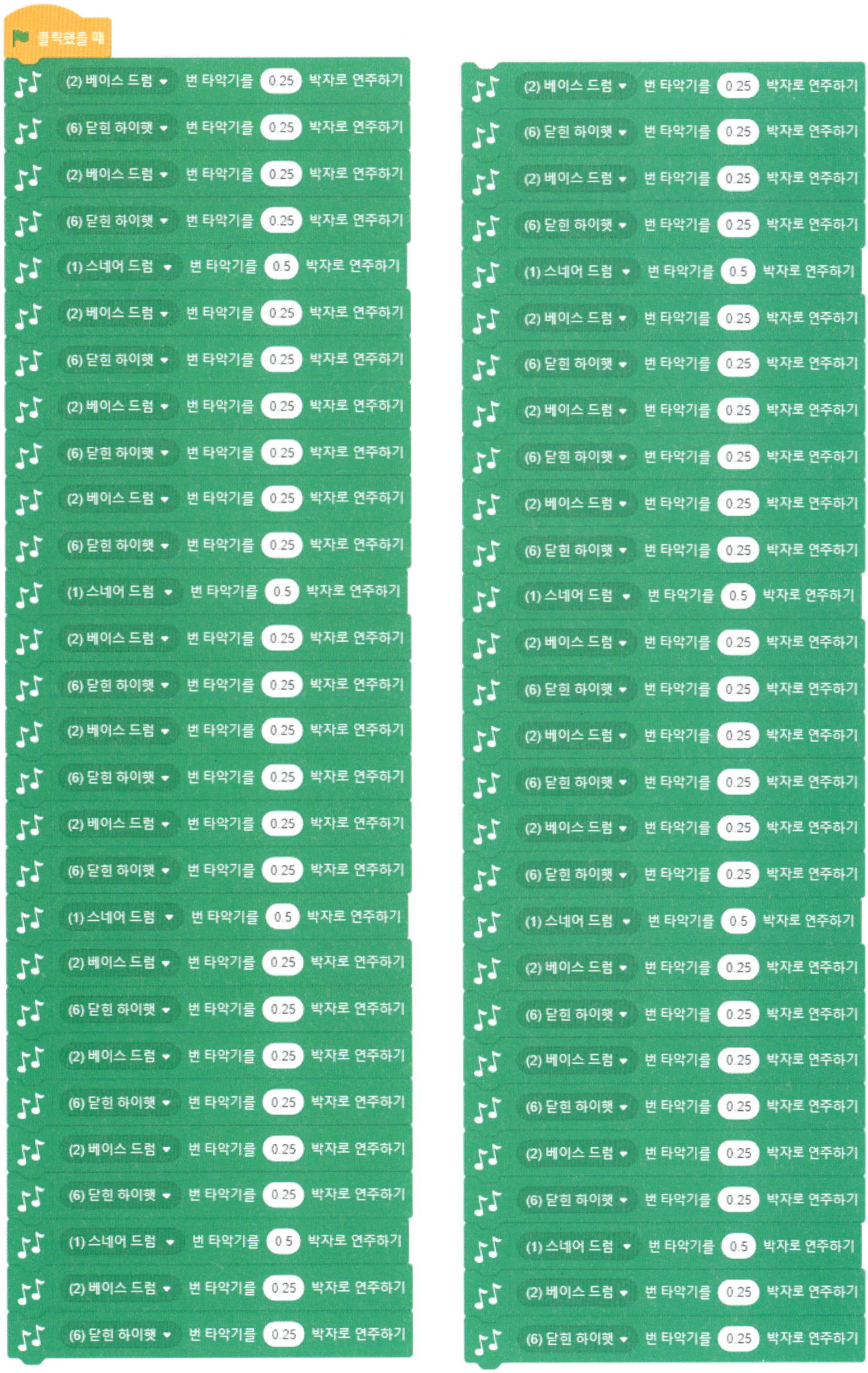

05 피아노 블록의 마지막에 제어 – 멈추기 [모두▼] 블록을 이미 이용하였으므로 스크립트 종료와 관련한 블록은 필요없다. 모든 스크립트가 완성되었으므로 **녹색 깃발(🚩)**을 이용하여 프로그램을 실행해 보자.

06 프로그램이 완성되었으므로 산토끼 노래 연주하기 프로그램을 저장하기 위해 **[파일]-[컴퓨터에 저장하기]**를 선택한다.

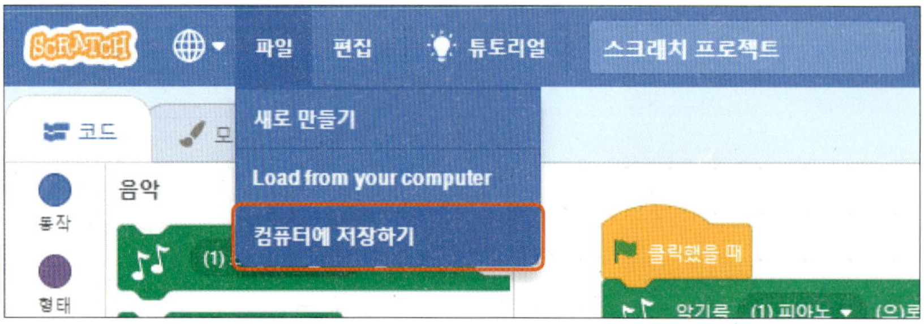

07 파일 저장을 위해서는 저장 폴더가 필요하며, 스크래치 프로그램만을 저장하는 폴더를 별도로 만들고 이후 작성된 프로그램을 저장한다. [스크래치] 폴더에 파일 이름(2장 산토끼 노래 연주하기)을 입력하고 **[저장]** 버튼을 클릭하여 프로그램을 저장한다.

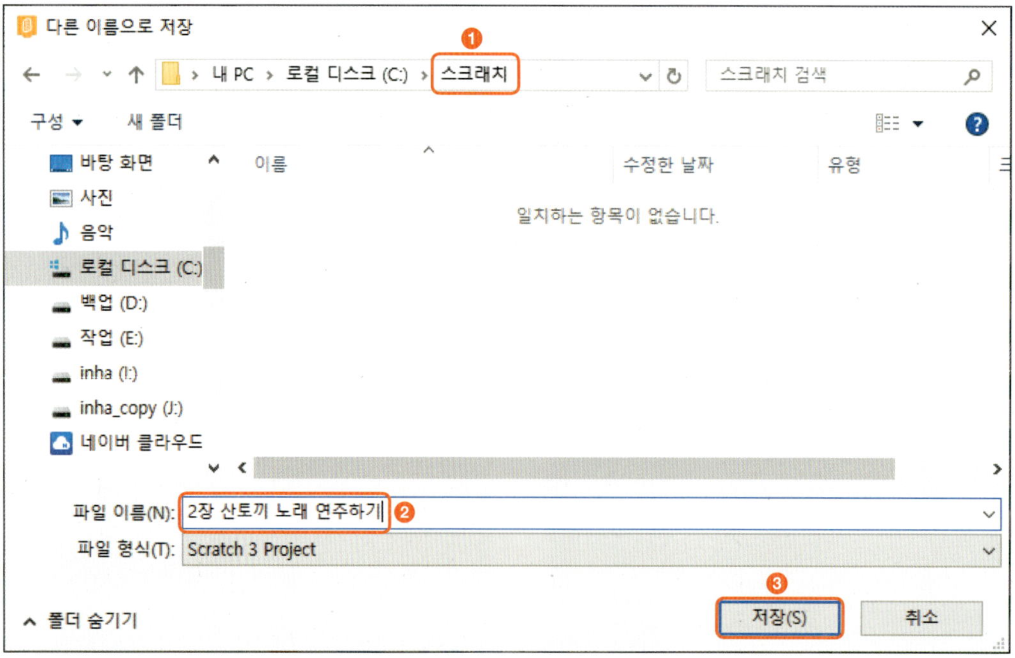

알고가기 별도의 폴더를 만들어 본 교재에서 작성한 프로그램들을 저장/관리한다.

2.2 학교종 노래 연주하기

다음으로 "학교종" 노래 연주하기 프로그램을 만들어 보자.

1 연주 무대 만들기

01 '산토끼 노래 연주하기' 파일을 저장한 후에는 **[파일]–[새로 만들기]**를 선택하여 초기화한다. 이 때 이전에 작성한 프로그램은 없어지므로 항상 프로그램을 저장한 후에 새로 만들기를 선택한다.

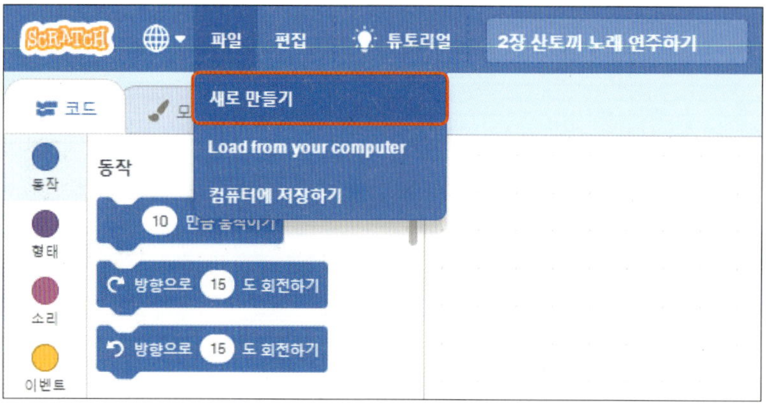

02 파일 이름을 "2장 학교종 노래 연주하기"로 수정한다.

03 이번 프로그램은 냥이가 필요 없으므로 [스프라이트]에서 "냥이" 스프라이트 오른쪽 상단의 휴지통을 클릭하여 무대에서 삭제한다.

04 무대의 배경을 변경하기 위해 [무대]에서 **배경 고르기( )**를 클릭하여 검색란에 "school"을 입력한 후 School을 선택한다.

05 [스프라이트]에서 **스프라이트 고르기( )**를 클릭하고 **사람들**에서 Cassy Dance를 선택하여 스프라이트를 추가한다.

06 무대에서 스프라이트를 드래그하여 무대 중앙으로 이동한다.

2 피아노 연주 프로그램 만들기

01 아래와 같이 학교종 노래의 2마디 부분을 만들어 보자.

이벤트 – 클릭했을 때
음악 – 악기를 [(1)피아노▼](으)로 정하기
음악 – {67}번 음을 {0.5}박자로 연주하기
음악 – {67}번 음을 {0.5}박자로 연주하기
음악 – {69}번 음을 {0.5}박자로 연주하기
음악 – {69}번 음을 {0.5}박자로 연주하기
음악 – {67}번 음을 {0.5}박자로 연주하기
음악 – {67}번 음을 {0.5}박자로 연주하기
음악 – {64}번 음을 {1}박자로 연주하기

02 녹색 깃발( )을 클릭하여 2마디 노래를 연주해 보고 블록을 복사하여 이전 블록에 이어 붙인다.

03 붙인 2마디 노래의 음과 박자를 수정하여 4마디 노래 연주 블록을 만들고 마지막에 음악 – [0.5]박자 쉬기를 추가한다.

04 4마디의 연주를 실행해 보고 블록을 복사하여 이전 블록에 이어 붙인다. 음을 수정하여 학교종 노래를 완성하고 마지막에는 제어 – 멈추기 [모두▼]를 추가한다.

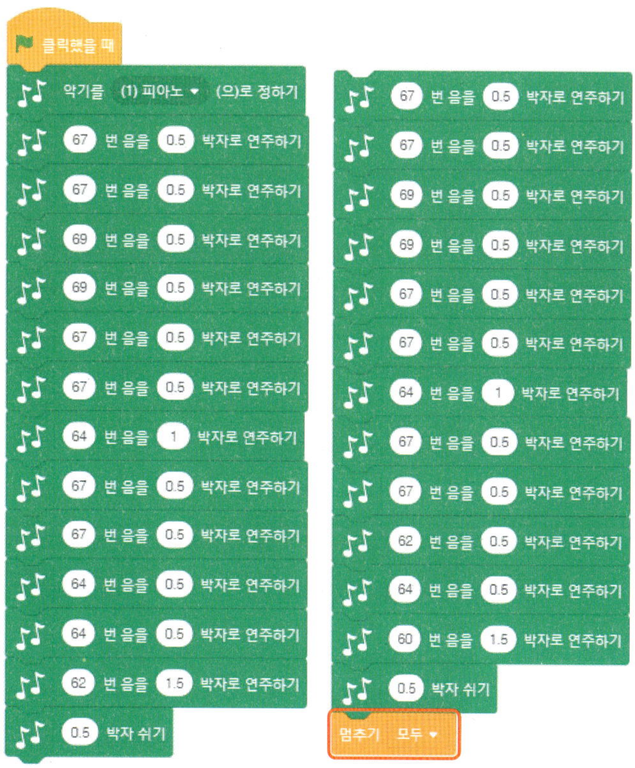

3 드럼 연주 프로그램 만들기

01 다음으로 드럼 연주 프로그램을 만들어 보자.

이벤트 – 🏴 클릭했을 때
음악 – [(2)베이스 드럼▼]번 타악기를 {1}박자로 연주하기
음악 – [(1)스네어 드럼▼]번 타악기를 {0.25}박자로 연주하기
음악 – {0.75}박자 쉬기
음악 – [(2)베이스 드럼▼]번 타악기를 {0.25}박자로 연주하기
음악 – {0.25}박자 쉬기
음악 – [(2)베이스 드럼▼]번 타악기를 {0.5}박자로 연주하기
음악 – [(1)스네어 드럼▼]번 타악기를 {0.25}박자로 연주하기
음악 – {0.75}박자 쉬기

02 프로그램을 실행하여 연주를 들어본다. 블록을 복사하여 이전 블록에 이어 붙여 학교종 노래 연주하기를 완성한다.

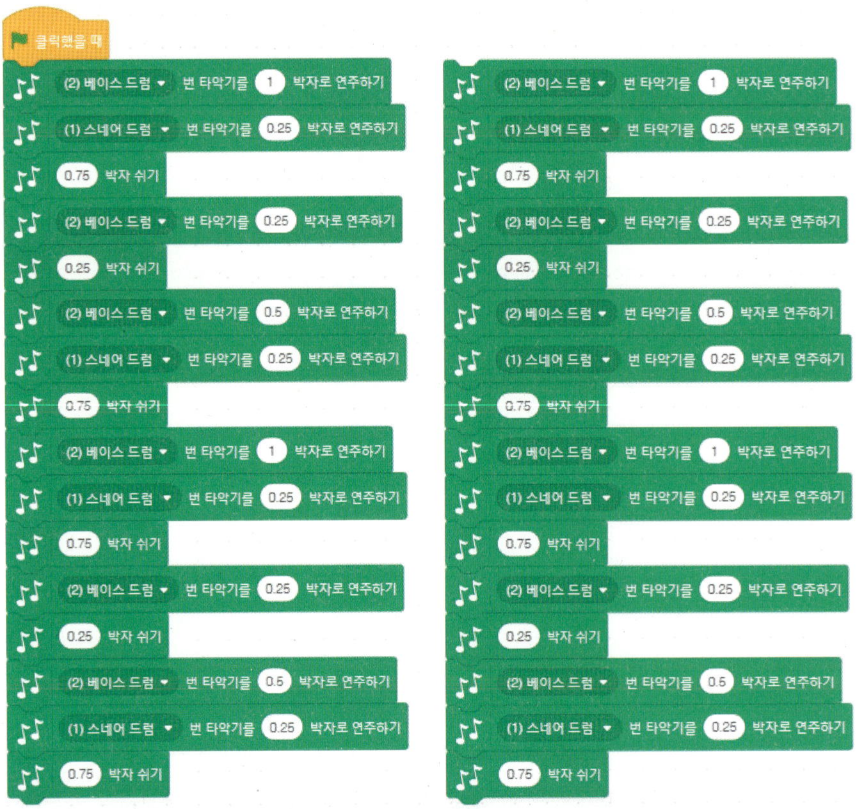

03 녹색 깃발(🏴)을 클릭하여 드럼 연주를 포함한 학교종 노래 연주하기 프로그램을 실행시켜보자.

4 Cassy Dance 스프라이트 프로그램 만들기

01 "Cassy Dance" 스프라이트의 율동에 대한 프로그램을 작성해 보자. Cassy Dance 스프라이트의 [모양] 탭을 선택하면 a, b, c, d와 같이 4개의 모양을 확인할 수 있다.

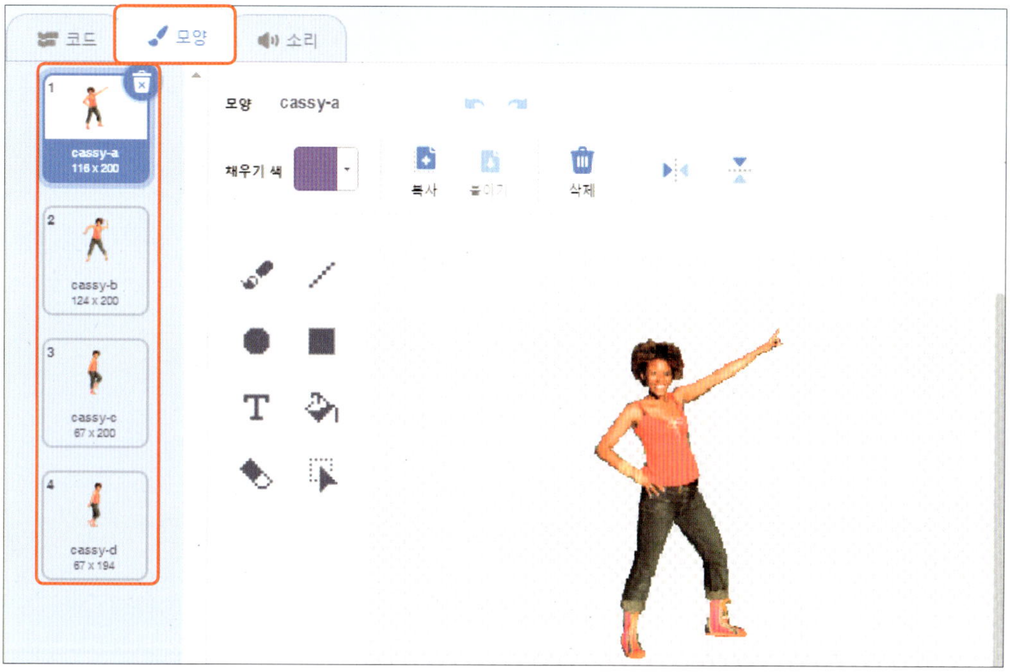

02 0.5박자에 한 번씩 변화하면 노래와 잘 어울린다. 이때 0.5박자를 0.5초로 이해하면 된다. 중간에 0.4초는 전체적으로 박자를 맞추기 위해 변경하였다

❶ 형태 – 모양을 [cassy-a▼](으)로 바꾸기
❷ 제어 – {0.5}초 기다리기
❸ 형태 – 모양을 [cassy-b▼](으)로 바꾸기
❹ 제어 – {0.4}초 기다리기
❺ 형태 – 모양을 [cassy-c▼](으)로 바꾸기
❻ 제어 – {0.5}초 기다리기
❼ 형태 – 모양을 [cassy-d▼](으)로 바꾸기
❽ 제어 – {0.5}초 기다리기

03 작성한 블록을 한마디로 하며 율동은 계속 반복해야 하므로 블록을 이용하여 8번 반복 처리한다.

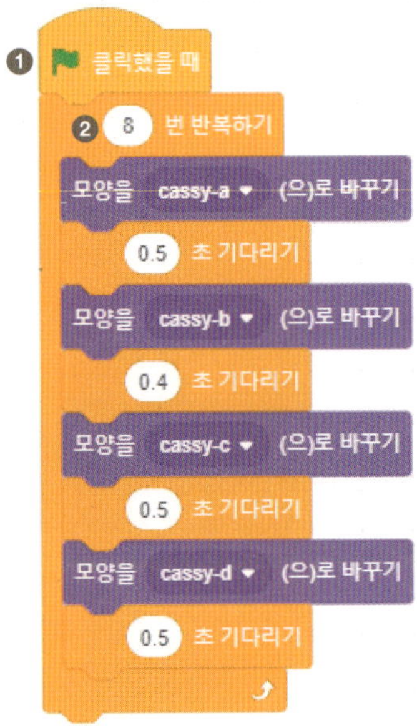

❶ 이벤트 – 클릭했을 때
❷ 제어 – {8}번 반복하기

04 모든 스크립트가 완성되었으므로 녹색 깃발( )을 클릭하여 학교종 노래를 "Cassy Dance" 스프라이트의 율동과 함께 즐겨보자.

Chapter 02 연습문제

■ **다양한 악기를 이용하는 '나비야'를 연주하는 프로그램을 작성하시오.**

처리 조건

- 무대의 배경은 'Forest'로 한다.
- '나비야'를 연주하는 프로그램을 작성하기 위해 확장 기능 추가하기에서 [음악]을 추가한다.
- '나비야' 연주와 어울리도록 나비(butterfly 1) 스프라이트를 추가하고 크기를 조정한다.
- 나비 스프라이트의 초기 위치는 무대 왼쪽 중간으로 한다.
- '나비야'가 연주되는 동안 무대에서 나비 스프라이트가 움직이도록 한다.
- 나비 스프라이트가 움직일 때 모양은 butterfly1-a, butterfly1-c를 이용하며 모양을 바꿀 때 0.5초 기다리기 블록을 이용한다.
- 나비가 한 번 움직일 때마다 x 좌표를 10만큼 바꾼다.
- 나비의 움직임은 '나비야' 연주가 끝날 때까지 반복한다.

확장 조건

- 피아노 외에 타악기, 기타 등의 악기를 추가하여 협주하는 프로그램을 만들어 보자.
- 나비 스프라이트를 추가하여 무대에서 여러 마리의 나미가 날아다니도록 프로그램을 수정해 보자.

03 CHAPTER

묻고 답하기

Scratch Programming

학습목표

- 스프라이트 간의 통신 방법 학습하기
- 신호 보내기, 신호를 받았을 때 블록 이해하기
- 다양한 스토리텔링 학습하기

여러 개의 스프라이트를 이용하여 말을 주고받는 애니메이션을 만들어보자. 일상에서 할아버지와 손녀인 영희의 대화를 주제로 한다.

할아버지 : 영희야 저기 선생님 오신다. 얼른 피해라
영희 : 왜요?
할아버지 : 너 오늘 학교에 안갔잖니!
영희 : 할아버지 피하셔요. 오늘 할아버지 돌아가셨다고 했거든요!

3.1 대화 무대 만들기

01 이번 프로그램은 냥이가 필요 없으므로 [스프라이트]에서 "냥이" 스프라이트 오른쪽 상단의 휴지통을 클릭하여 무대에서 삭제한다.

02 무대의 배경을 변경하기 위해 [무대]에서 **배경 고르기( )**를 클릭하고 **실외**에서 Bench With...를 선택한다.

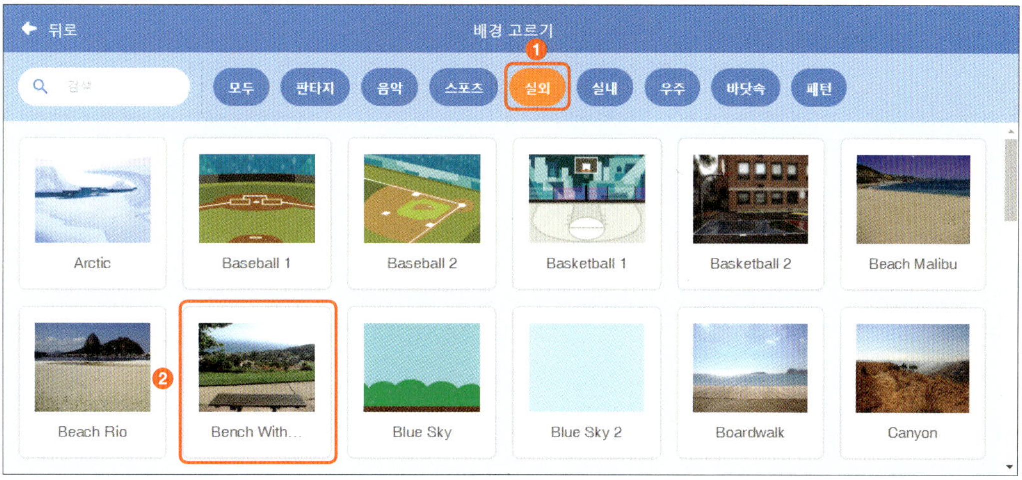

03 무대가 변경되었으므로 스프라이트를 추가하기 위해 [스프라이트]에서 **스프라이트 고르기( )**를 클릭하고 **사람들**에서 Wizard를 선택한다.

04 "Wizard" 스프라이트의 크기를 80으로 변경하고 위치를 조절한다.

05 같은 방법으로 스프라이트 저장소에서 Witch 스프라이트를 선택하고 크기를 70으로 변경한 후 위치를 조절한다.

06 "Witch" 스프라이트의 방향이 "Wizard" 스프라이트를 향하도록 하기 위해 "Witch" 스프라이트를 선택하고 **[모양]** 탭을 선택하여 그림판 옵션에서 **좌우 뒤집기( )**를 클릭한다.

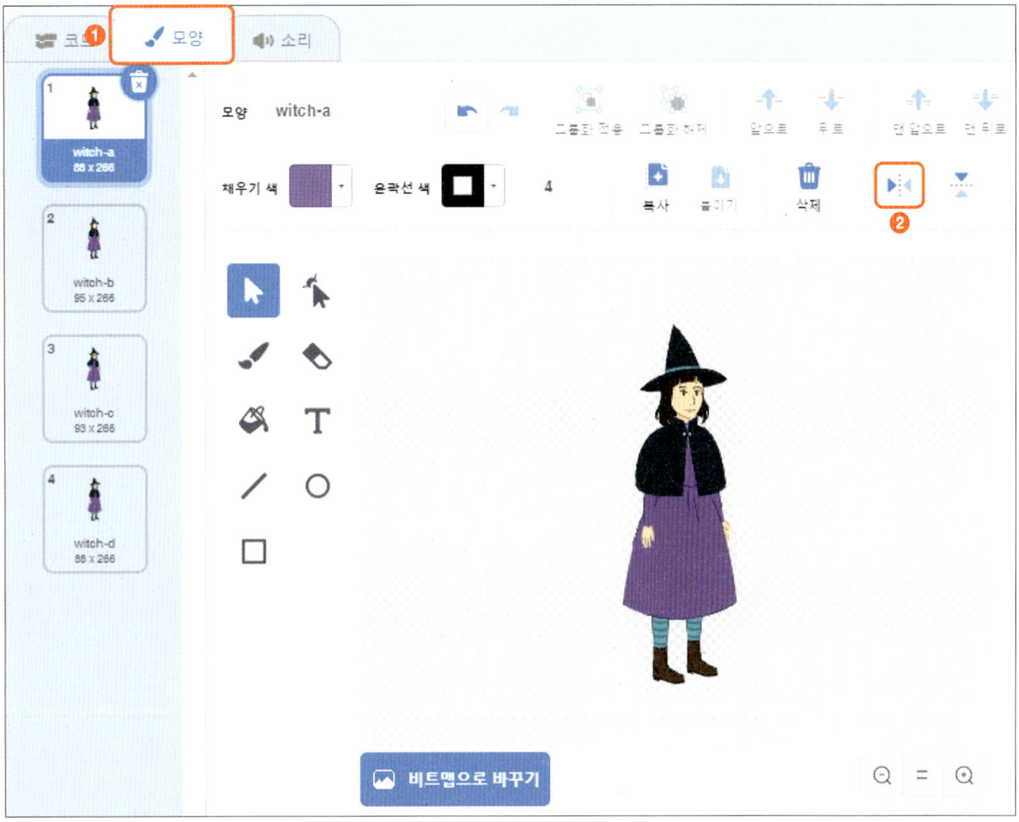

07 무대에서 스프라이트가 자연스럽게 변경되었다.

3.2 대화 프로그램 만들기

각 스프라이트의 대화를 위한 프로그램을 작성해보자. 이 프로그램은 할아버지(Wizard)가 먼저 말하고, 손녀인 영희(Witch)가 답하는 방식이다.

01 [스프라이트]에서 **할아버지**(Wizard)를 선택하고 다음과 같이 블록을 작성한다.

> ❶ 이벤트 – 🏁 클릭했을 때
> ❷ 형태 – {영희야 저기 선생님 오신다. 얼른 피해라}을(를) {2}초 동안 말하기

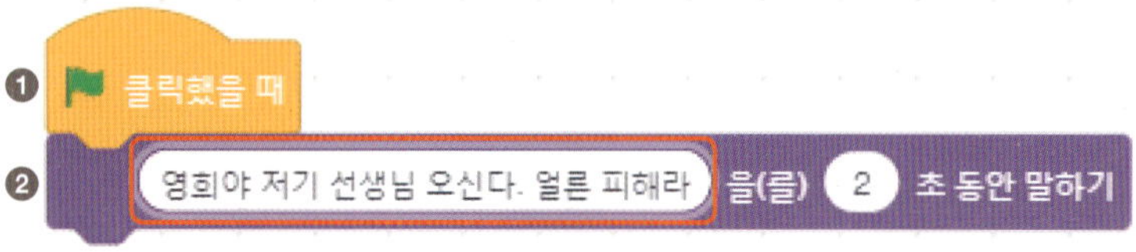

02 같은 방법으로 [스프라이트]에서 **영희**(Witch)를 선택하고 블록을 작성한다. 할아버지가 말하는 동안 영희는 기다려야 하므로 **제어 – {1}초 기다리기** 블록을 이용한다. 시간은 2초로 수정한다.

> 이벤트 – 🏁 클릭했을 때
> 제어 – {2}초 기다리기

03 영희가 할아버지와 대화하는 블록을 추가한다.

> 형태 – {왜요?}을(를) {2}초 동안 말하기

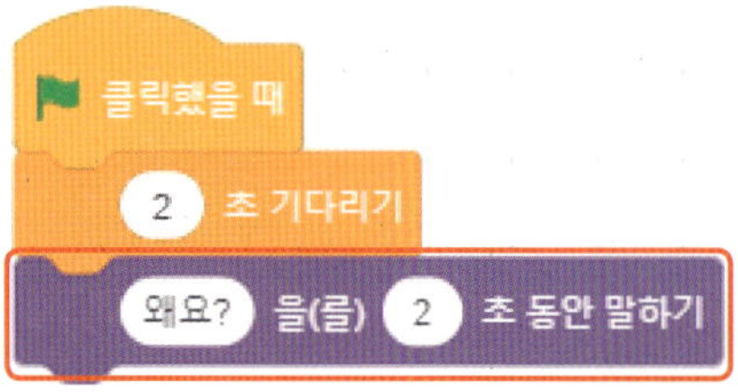

04 [스프라이트]에서 **할아버지**(Wizard)를 선택하고 영희가 대답하는 동안 기다리는 블록을 추가한다.

제어 – {2}초 기다리기

05 할아버지가 영희의 질문에 대답하는 블록을 추가한다.

형태 – {너 오늘 학교에 안갔잖니!}을(를) {2}초 동안 말하기

06 영희의 다음 대답을 기다리는 블록을 추가한다.

제어 – {2}초 기다리기

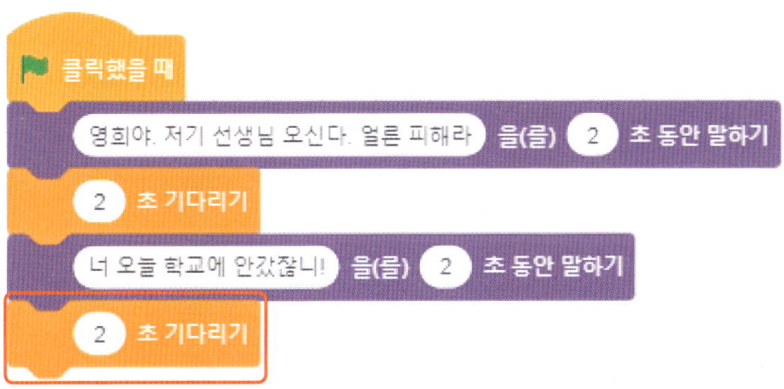

07 [스프라이트]에서 **영희**(Witch)를 선택하고 할아버지가 대답하는 동안 기다렸다가 다음 대화를 이어가는 블록을 추가한다.

❶ 제어 – {2}초 기다리기 ❷ 형태 – {할아버지 피하셔요. 오늘 할아버지 돌아가셨다고 했거든요!}을(를) {2}초 동안 말하기

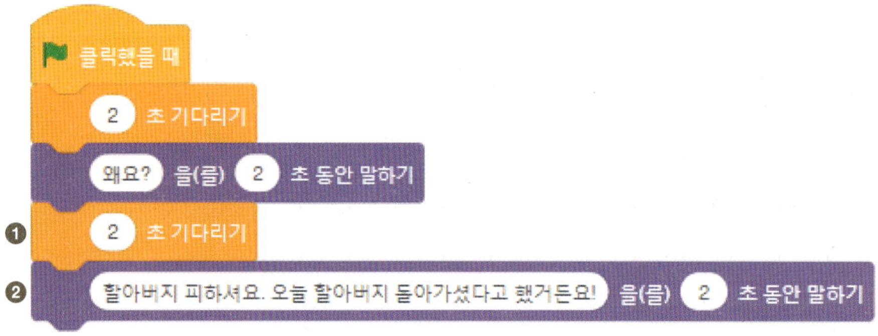

08 [스프라이트]에서 **할아버지**(Wizard)를 선택하고 마지막에 프로그램을 종료하기 위한 블록을 추가한다.

제어 – 멈추기 [모두▼]

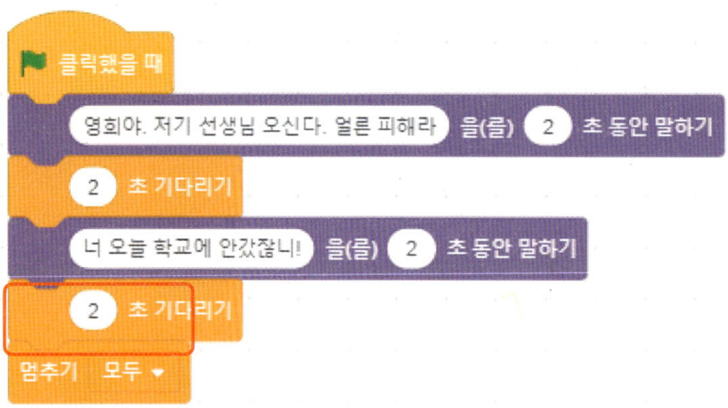

09 모든 스크립트가 완성되었으므로 **녹색 깃발(🏴)**을 클릭하여 프로그램을 실행해 보자.

3.3 신호 보내기를 이용한 대화 프로그램 만들기

이번에는 다른 방식으로 문제를 해결해 보자. 이 프로그램은 할아버지와 영희가 번갈아 가면서 대화를 나누는 형식이다. 만약 할아버지 프로그램에 문제 발생하여 대사를 하지 못했더라도 영희는 할아버지의 상태와 관계없이 2초 후 대사를 시작할 것이다. 이를 해결하기 위해 할아버지의 대사가 끝난 후 이를 영희에게 알려주는 동작이 필요하며 영희는 할아버지의 대사가 끝났다는 사실을 인지한 후 자신의 대사를 시작하면 된다.

이런 문제를 해결하기 위해 이벤트 – [메시지1▼] 신호 보내기 블록을 이용하며 이 블록은 다른 스프라이트나 블록에게 자신의 상태를 전달하는 기능을 수행한다. 이 신호를 받은 스프라이트나 블록은 이벤트 – [메시지1▼] 신호를 받았을 때 블록으로 시작하여 이후의 동작을 처리하게 된다.

01 [스프라이트]에서 **할아버지**(Wizard)를 선택하고 첫 번째 대화 아래쪽 블록을 삭제한 후 “영희” 스프라이트에게 상황을 전달하는 블록을 추가한다.

이벤트 – [메시지1▼] 신호 보내기

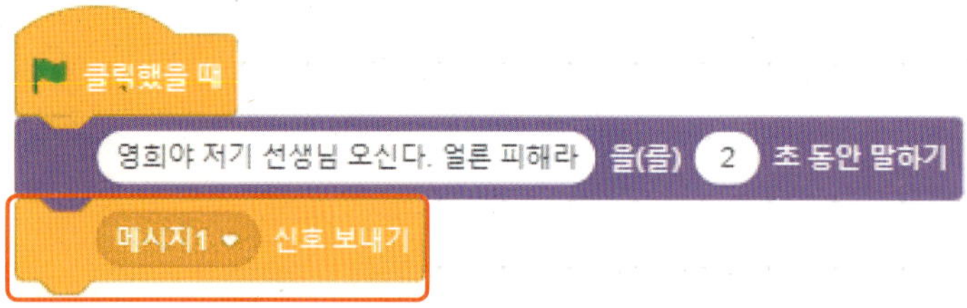

02 [메시지1▼]의 드롭다운리스트(▼)를 클릭하여 **새로운 메시지**를 선택하면 메시지 이름을 정의할 수 있다.

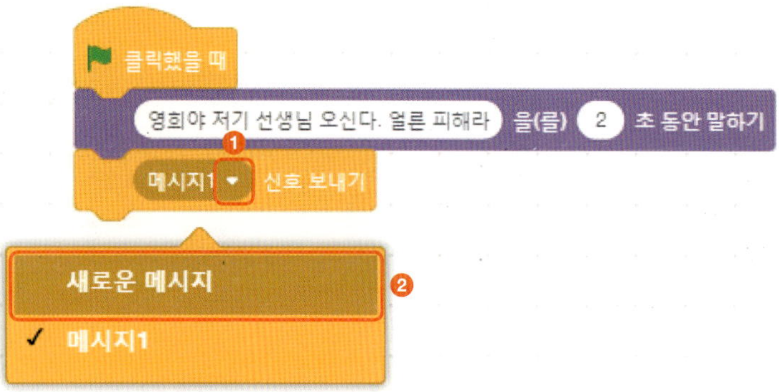

03 [새로운 메시지] 창에 메시지 이름을 **영희1**로 입력하고 **확인** 버튼을 클릭한다.

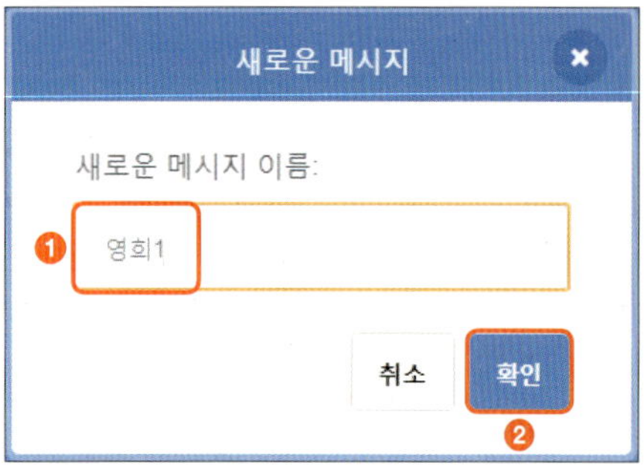

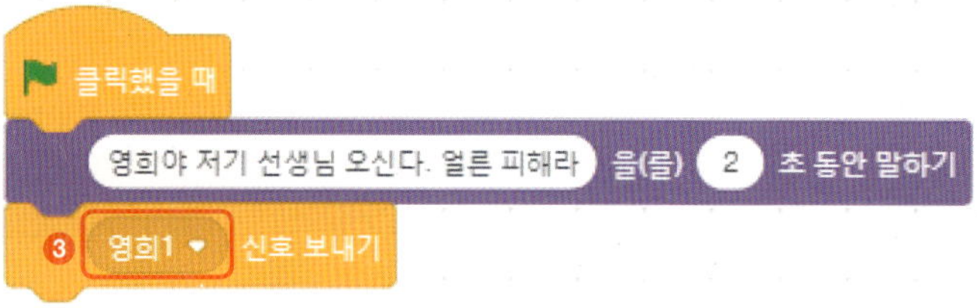

04 [스프라이트]에서 **영희**(Witch)를 선택하고 "할아버지" 스프라이트로 부터 신호를 받는 블록을 만들어보자. "영희" 스프라이트는 할아버지로부터 신호를 받았을 때 처리하는 블록으로 시작한다.

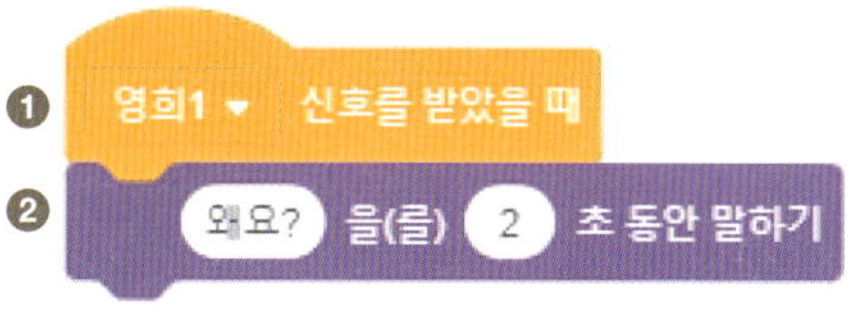

❶ 이벤트 – [영희1▼] 신호를 받았을 때
❷ 형태 – {왜요?}을(를) {2}초 동안 말하기

05 영희의 대사가 끝난 것을 "할아버지" 스프라이트에게 알리기 위한 블록을 추가한다.

이벤트 – [할아버지▼] 신호 보내기

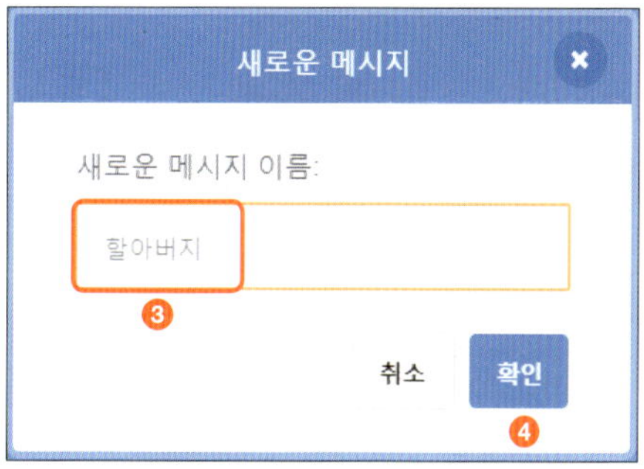

06 [스프라이트]에서 **할아버지**(Wizard)를 선택하고 "영희" 스프라이트가 보낸 신호를 받는 새로운 블록을 작성한 후 [영희1▼]의 드롭다운리스트(▼)를 클릭하여 **할아버지**를 선택한다.

이벤트 – [할아버지▼] 신호를 받았을 때

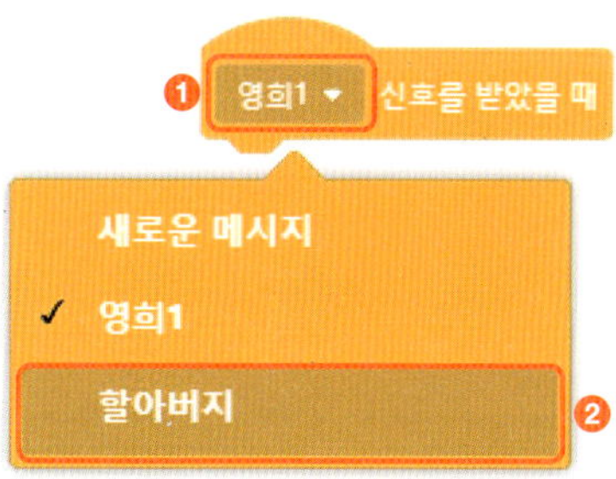

07 "할아버지" 스프라이트는 자신의 대사를 끝낸 후 다시 한 번 "영희" 스프라이트에게 자신의 상태를 알려준다. 이 때 메시지는 **영희2**로 한다.

> ❶ 형태 – {너 오늘 학교에 안갔잖니!}을(를) {2}초 동안 말하기
> ❷ 이벤트 – [영희2▼] 신호 보내기

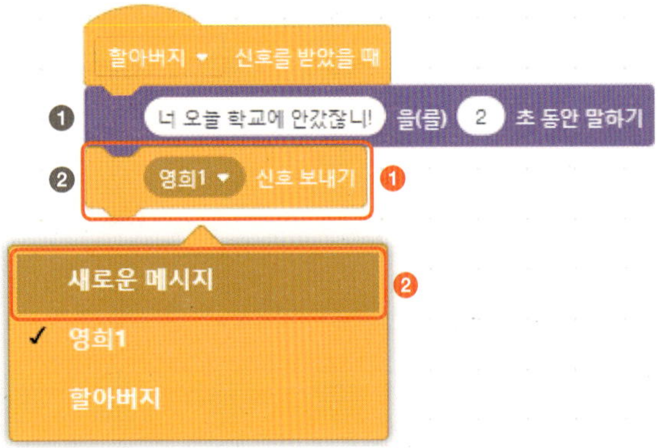

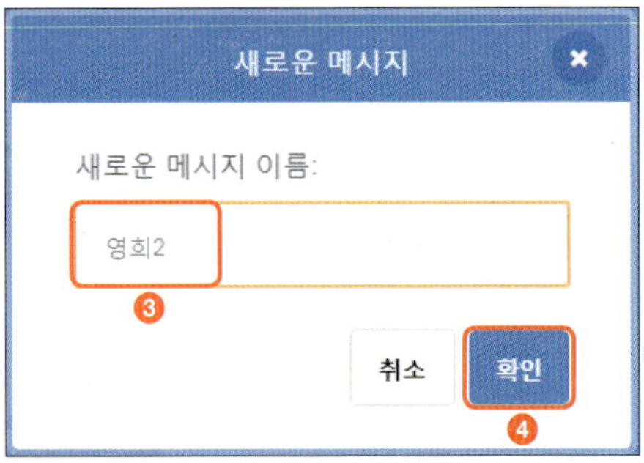

08 [스프라이트]에서 **영희**(Witch)를 선택하여 대화 스크립트를 완성하고 마지막 대사가 끝나면 종료되도록 한다.

> ❶ 이벤트 – [영희2▼] 신호를 받았을 때
> ❷ 형태 – {할아버지 피하셔요. 오늘 할아버지 돌아가셨다고 했거든요!}을(를) {2}초 동안 말하기
> ❸ 제어 – 멈추기 [모두▼]

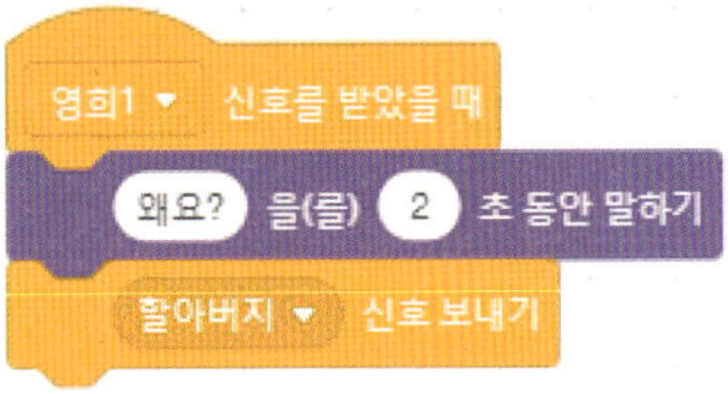

09 이전과는 다른 방법으로 프로그램을 작성하였다. **녹색 깃발( )**을 클릭하여 프로그램을 실행해 보자.

이와 같이 스크래치는 스프라이트들 간에 신호 보내기와 신호를 받았을 때 블록을 이용하여 소통하게 되며, 이런 기법은 거의 모든 프로그램에서 이용되니 잘 기억하기 바란다.

Chapter 03 연습문제

■ **다음과 같이 교수와 학생이 대화하는 프로그램을 작성하시오.**

처리 조건

– 무대의 배경은 'Hall'로 한다.

– 냥이 스프라이트는 삭제한다.

– 교수(Marian)와 학생(Sam) 스프라이트를 추가하고 크기를 조정한다.

– 교수와 학생의 대화는 다음과 같다.

학생 : 교수님 안녕하세요? 질문 있습니다.
교수 : 무슨 일이예요?
학생 : 성적이 B입니다. 확인하고 싶어서요!
교수 : 음 ~ 확인해 보니 C였네요. 미안 수정할께요.

– 프로그램은 두 가지(2초 기다리기 블록/신호 보내기 블록) 기능을 이용하도록 구분하여 작성한다.

04 CHAPTER

풍선 터트리기 게임

Scratch Programming

학습목표

- 변수 만들기
- 무대 좌표 알아보기
- 타이머 변수 익히기
- 연산에 함수 사용하기
- 소리 기능 알아보기

무대 아래에서 나타나는 풍선을 마우스 클릭으로 터트리는 게임을 만들어 보자.

이 프로그램을 위해서는 컴퓨터 저장장치(메모리)에 어떤 값(입력된 값)들을 저장하여야 한다. 우리가 각자 사는 집에 주소가 있듯이 컴퓨터 메모리에는 각각 주소가 지정되어 있다. 그러나 주소를 일일이 기억하기란 용이하지 않다. 따라서 컴퓨터를 이용할 경우 각 번지수에 명칭을 붙여 사용하게 된다.

예를 들어 성적처리를 위해 각 과목의 점수를 컴퓨터에 저장하고자 할 때 국어점수를 메모리 1000번지에 저장하여 사용하면 프로그램을 작성하는데 일일이 주소를 기억하여 사용해야 하며, 기억시킬 값이 많아지게 되면 상당한 불편할 것이다. 이를 해결하기 위해 각 번지수에 별칭을 붙이고, 이 별칭에 해당되는 실제 주소는 컴퓨터만 알고 있으면 된다. 즉, 국어점수가 저장되어 있는 메모리 번지수에 별칭 "kor"을 부여하여 "kor"이 1000번지라는 사실을 컴퓨터만 알고 처리해 주면 된다. 이런 "kor" 같은 역할을 담당하는 것을 **변수**라고 한다.

우리는 변수의 이름만 뜻이 통하도록 만들어 주면 된다. 국어점수는 kor, 영어점수는 eng, 수학점수는 mat, 총점은 total, 평균점수는 avg 등이다.

변수의 이름을 만들 때에는 변수가 기억하게 될 데이터의 의미를 포함하도록 하여 프로그램을 작성하는데 도움이 되도록 한다. 프로그램을 작성할 때 프로그래머가 저장할 데이터의 주소를 일일이 기억하여 프로그래밍하는 것이 아니라 각 데이터에 변수 이름을 부여하고, 이를 활용한다.

4001번지(총점) = 1001번지(국어점수) + 2001번지(영어점수) + 3001번지(수학점수)

↓ ↓ ↓ ↓

total = kor + eng + mat

위의 예에서 변수는 4개가 필요하다.

변수는 스크래치에서 제공되는 기본 변수와 프로그램을 위해 프로그래머가 만들어 사용하는 변수가 있다. 이번 프로그램에서는 점수와 시간을 위한 2개의 변수와 기본 변수 타이머를 이용한다.

4.1 변수 만들기

01 프로그래밍에 앞서 변수를 선언하기 위해 변수 – 변수 만들기를 클릭한다.

02 [새로운 변수] 창에 변수 이름 **점수**를 입력하고 [확인] 버튼을 클릭한다.

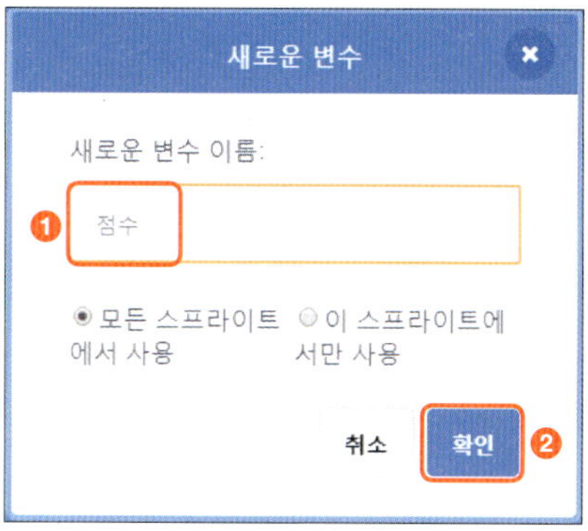

03 변수를 선언하면 무대에 변수가 표시된다.

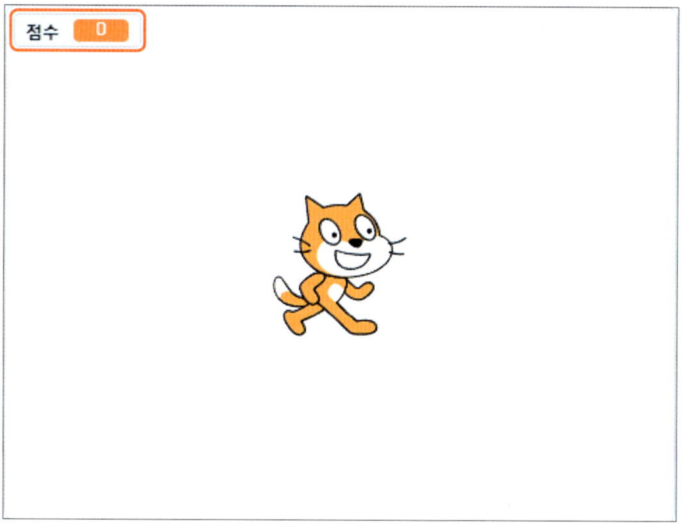

04 만약 무대에서 변수가 보이지 않도록 하려면 변수 왼쪽에 있는 체크박스(✔)를 이용하여 표시 여부를 결정할 수 있다.

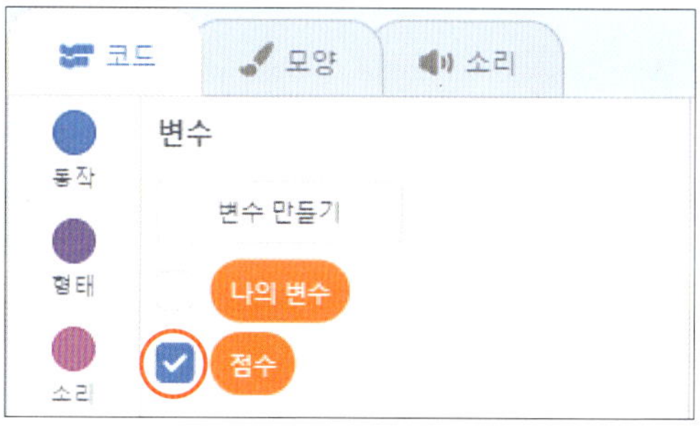

05 같은 방법으로 **시간** 변수를 선언하고 무대에서 겹쳐져서 표시되는 변수를 이동시켜 표시한다.

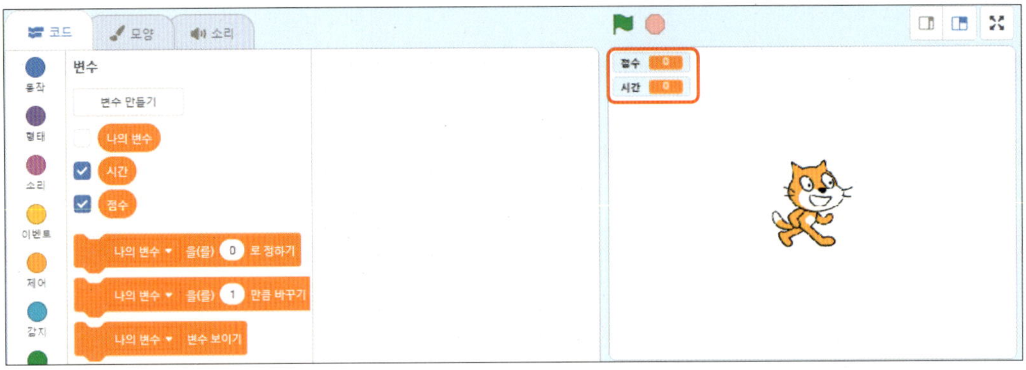

4.2 풍선 터트리기 게임 무대 만들기

01 이번 프로그램은 냥이가 필요 없으므로 [스프라이트]에서 "냥이" 스프라이트 오른쪽 상단의 휴지통을 클릭하여 무대에서 삭제한다.

02 무대의 배경을 변경하기 위해 [무대]에서 **배경 고르기( )**를 클릭하여 검색란에 "winter"을 입력한 후 Winter을 선택한다.

03 "풍선" 스프라이트를 추가하기 위해 스프라이트에서 **스프라이트 고르기( )**를 클릭하고 검색란에 "balloon"을 입력하여 Balloon1을 선택한 후 무대에 배치한다.

04 게임 마지막에 점수를 알려줄 Penguin 2 스프라이트를 추가하고 마우스로 드래그하여 위치를 조절한다.

05 다음으로 게임에서 빠질 수 없는 음악을 추가해보자. "풍선" 스프라이트를 선택하고 **[소리]** 탭을 선택하면 'Pop' 소리가 준비되어 있다. 이는 풍선(Balloon1) 스프라이트가 가지고 있는 기본 소리이며 재생(▶)을 클릭하여 소리를 들어보자. 'Pop'은 풍선이 터질 때 소리로 이용하고, 추가로 게임 전체에 사용할 소리를 추가하기 위해 **소리 고르기(🔊)**를 클릭한다.

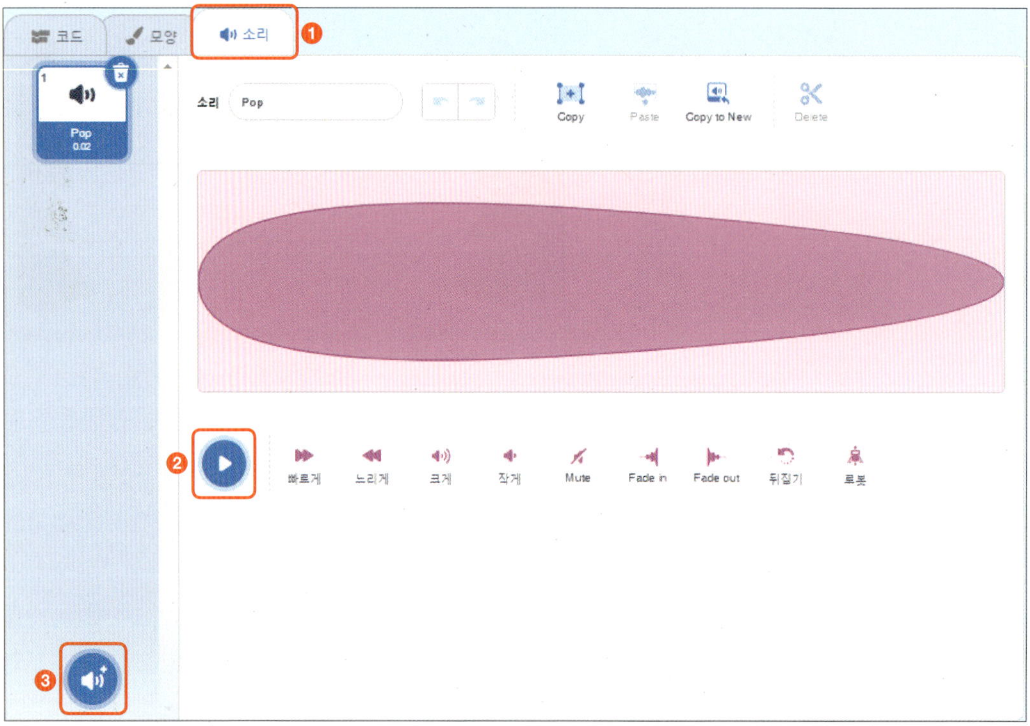

06 스크래치에는 많은 소리가 준비되어 있다. 스크롤바를 이용하여 소리에 대한 정보를 확인하고, 각 소리 오른쪽 상단의 재생(▶)에 마우스 포인터를 위치시켜 소리를 들어보자.

07 검색란에 필요한 소리 이름인 Medieval1을 입력하고 선택하여 추가한다.

알고가기 소리 파형 하단의 각 기능을 실행하여 다양한 효과를 이해하자.

4.3 풍선 터트리기 게임 프로그램 만들기

Balloon1 스프라이트의 프로그램을 작성해 보자. 이번 프로그램은 3개의 변수를 사용한다. 2개는 프로그래머가 정의한 점수와 시간 관련 변수이고, 타이머는 스크래치에서 제공하는 기본 변수이다. 변수 값의 초기화는 일반적으로 '0'을 정의하는 것이다.

01 프로그램은 이벤트 – 🏴 클릭했을 때로 시작하며 프로그램이 시작되면 변수들의 초기화를 진행하기 위한 블록을 추가한다. [나의 변수▼]의 드롭다운리스트(▼)를 클릭하여 변수들 중에 점수를 선택하면 '점수' 변수의 초기값을 0으로 설정할 수 있다.

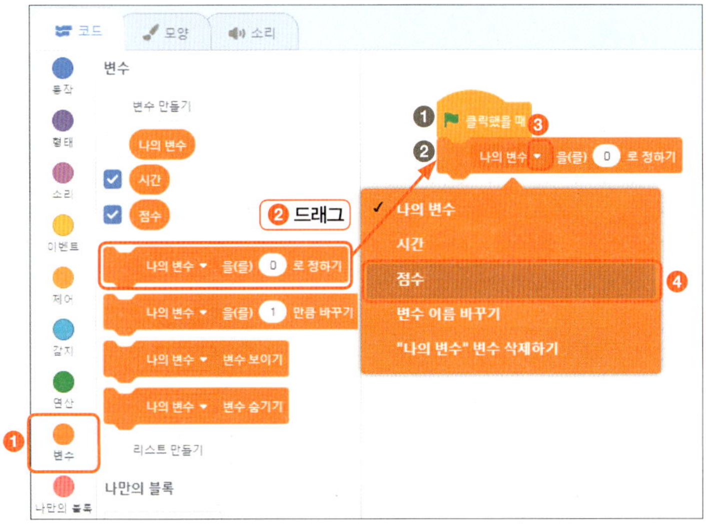

❶ 이벤트 – 🏴 클릭했을 때
❷ 변수 – [점수▼]을(를) {0}로 정하기

02 같은 방법으로 **시간** 변수의 초기값을 0으로 하고 **타이머 초기화** 블록을 이용하여 0으로 초기화 한다.

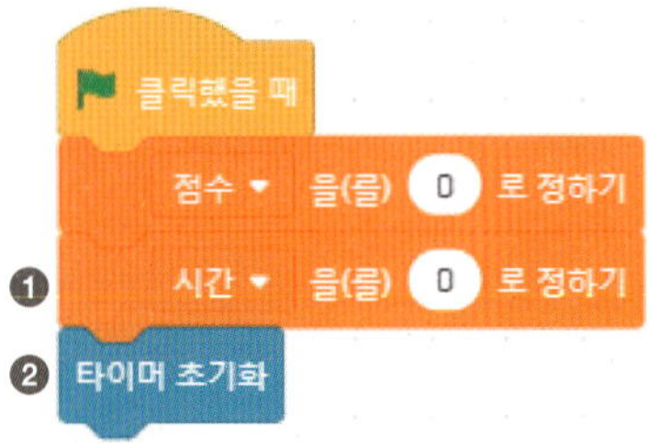

❶ 변수 – [시간▼]을(를) {0}로 정하기
❷ 감지 – 타이머 초기화

03 이번 게임의 시간은 30초로 제한하고 시간이 경과되면 게임이 끝나도록 한다.

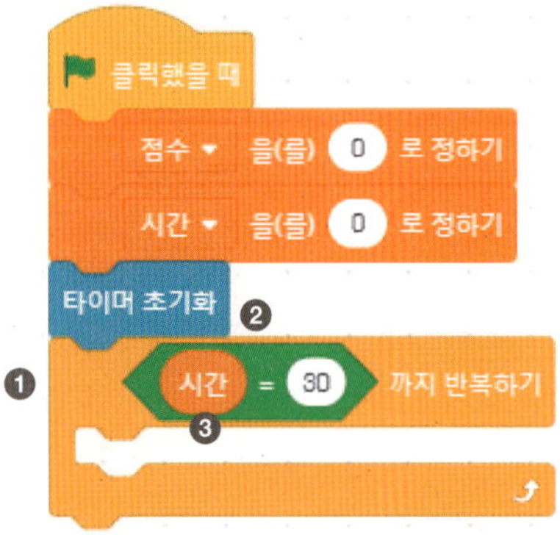

❶ 제어 – { ❷ }까지 반복하기
❷ 연산 – { ❸ } = {30}
❸ 변수 – 시간

04 게임이 시작되면 풍선의 색을 변경하도록 하여 게임의 흥미를 유발한다. "풍선" 스프라이트의 **[모양]** 탭을 선택하면 3가지 색상의 풍선을 확인할 수 있으며 매번 변경되도록 블록을 추가한다.

형태 – 다음 모양으로 바꾸기

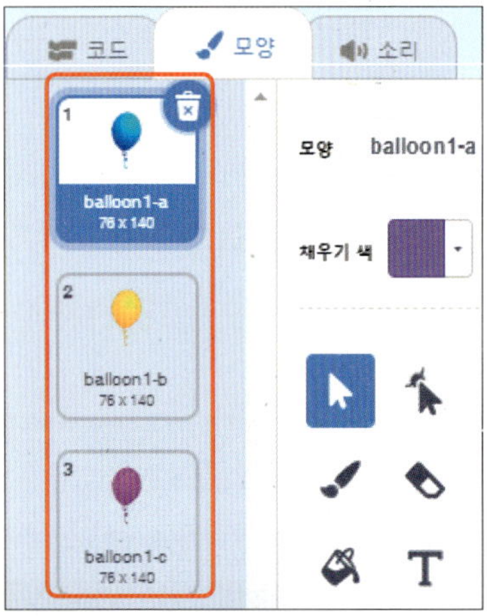

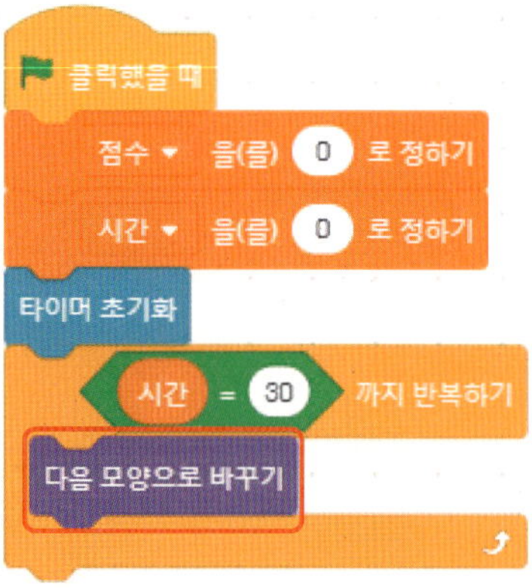

알고가기 다음 모양 바꾸기 블록은 각 스프라이트의 모양 상단 번호에 따라 순서대로 모양을 바꾸게 된다.

05 풍선의 위치를 임의의 장소로 이동하기 위해 **연산**의 **난수** 블록을 이용한다. 무대는 좌표로 구성되어 있으며 가로 축(X축)은 240 ~ −240, 세로 축(Y축)은 180 ~ −180 범위이다(배경 고르기에서 Xy−grid 참고).

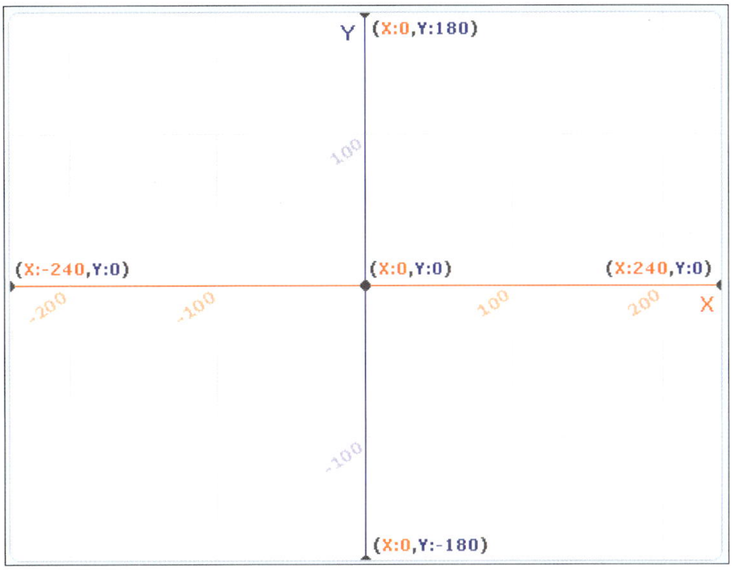

> **알고가기**
> 무대의 좌표에 대해서는 7장에서 자세히 다룬다.

06 풍선을 무대 아래쪽(y축: −180) 임의의 위치로 이동하고 무대에 나타나도록 한다.

❶ 동작 − x:{ ❷ } y:{−180}(으)로 이동하기
❷ 연산 − {−220}부터 {220} 사이의 난수
❸ 형태 − 보이기

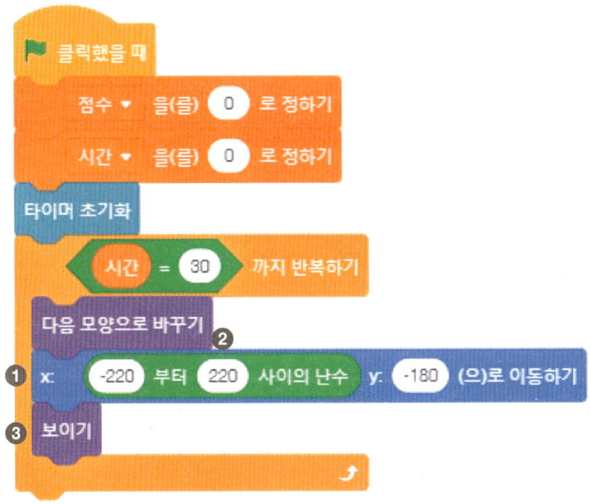

07 풍선이 날아가는 효과를 위해 무대 위쪽으로 이동하도록 한다.

❶ 제어 – {40}번 반복하기
❷ 동작 – y 좌표를 {10}만큼 바꾸기

08 시간과 관련해서 기본 변수 타이머는 1/1000초 단위로 움직이며 이를 정수로 처리하기 위해 연산의 **버림** 함수를 이용한다. 스크래치에는 이외에도 절댓값, 버림, 올림, 제곱근, sin, cos, tan 등 다양한 함수가 준비되어 있다.

❶ 변수 – [시간▼]을(를) { ❷ }로 정하기
❷ 연산 – [버림▼] ({ ❸ })
❸ 감지 – 타이머

알고가기 기본 변수인 타이머를 무대에 나타나도록 하여 타이머의 변화를 확인하자.

09 30초가 지나면 게임이 종료되며 최종 점수는 펭귄을 통해 전달하기 위해 신호 보내기에 **종료** 메시지를 추가하여 설정한다.

이벤트 – [종료▼] 신호 보내기

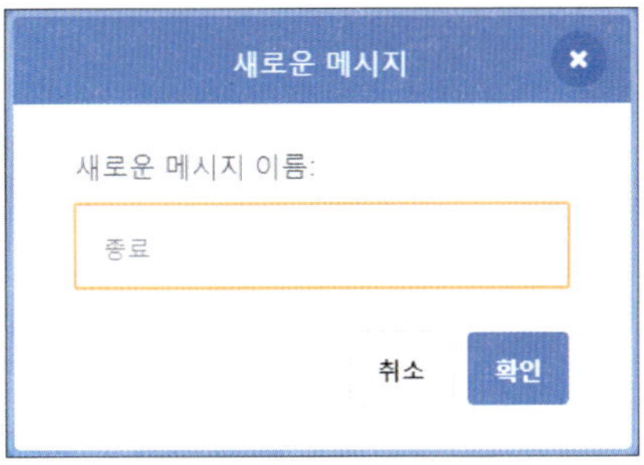

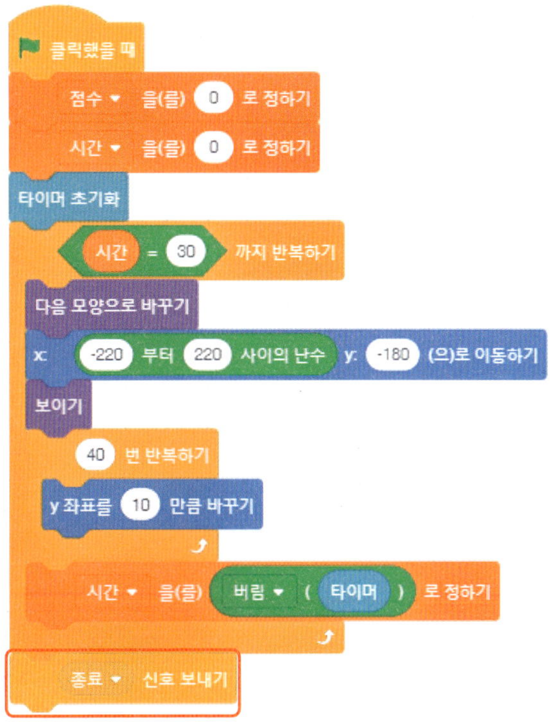

10 게임이 시작되면서 배경 음악이 재생되도록 한다.

❶ 이벤트 – 🏁 클릭했을 때
❷ 제어 – 무한 반복하기
❸ [Medieval1▼] 끝까지 재생하기

11 풍선을 마우스로 클릭하면 터지면서 소리가 나도록 하고 획득한 점수를 더해 준 후 풍선이 보이지 않도록 한다.

> ❶ 이벤트 – 이 스프라이트를 클릭했을 때
> ❷ 소리 – [Pop▼] 재생하기
> ❸ 변수 – [점수▼]를 {1}만큼 바꾸기
> ❹ 형태 – 숨기기

12 [스프라이트]에서 **Penguin 2**를 선택하고 무대에서 보이지 않도록 숨긴다.

> ❶ 이벤트 – 🏴 클릭했을 때
> ❷ 형태 – 숨기기

13 "풍선" 스프라이트에서 "펭귄" 스프라이트에 **종료** 신호를 보내면 펭귄이 점수를 말하고 프로그램을 종료하도록 한다.

> ❶ 이벤트 – [종료▼] 신호를 받았을 때
> ❷ 형태 – 보이기
> ❸ 형태 – { ❹ }을(를) {5}초 동안 말하기
> ❹ 연산 – {당신의 점수는 }와(과) { ❺ } 결합하기
> ❺ 변수 – 점수
> ❻ 제어 – 멈추기 [모두▼]

14 모든 스크립트가 완성되었으므로 **녹색 깃발(🏴)**을 클릭하여 프로그램을 실행해 보자.

Chapter 04 연습문제

■ **다양한 모양의 딸기가 무대 상단에서 내려오고 이를 잡는 프로그램을 작성하시오.**

처리 조건

- 무대의 배경은 'Woods'로 한다.
- 냥이 스프라이트는 삭제하고 딸기(Strawberry) 스프라이트를 추가한다.
- 최종 점수는 켄타우로스(Centaur) 스프라이트를 추가하여 5초 동안 말하도록 한다.
- 딸기 스프라이트를 클릭하여 잡으면 점수를 1 증가시킨다.
- 딸기 스프라이트는 무대 상단 임의의 위치에서 하단으로 이동한다.
- 딸기 스프라이트의 모양은 1~5의 모양 번호를 이용하여 다양하게 변경한다.
- 딸기 스프라이트는 크기를 {100}%로 정하기 블록을 이용하여 크기를 변경하고 난수로 크기 비율을 처리한다.
- 게임과 어울리는 노래 연주를 추가하고 게임의 진행 시간은 30초로 한다.

05 CHAPTER

두더지 잡기 게임 만들기

Scratch Programming

학습목표

- 변수 활용하기
- 무대 좌표 활용하기
- 그림판 활용하기
- 난수 활용하기

마우스를 이용하여 두더지를 잡는 게임을 만들어보자. 게임의 두더지 굴은 5개로 하며 두더지는 0.7초에 한번 이동한다. 두더지를 잡으면 10점, 두더지 굴이 아닌 엉뚱한 곳(무대 배경)을 누르면 -10의 점수를 계산하고 게임시간은 30초로 한다.

5.1 두더지 잡기 게임 무대 만들기

1 무대 배경 그리기

01 이번 프로그램은 냥이가 필요 없으므로 [스프라이트]에서 "냥이" 스프라이트 오른쪽 상단의 휴지통을 클릭하여 무대에서 삭제한다.

02 [무대]에서 **배경 고르기()**에 포함된 **그리기()**를 클릭한다.

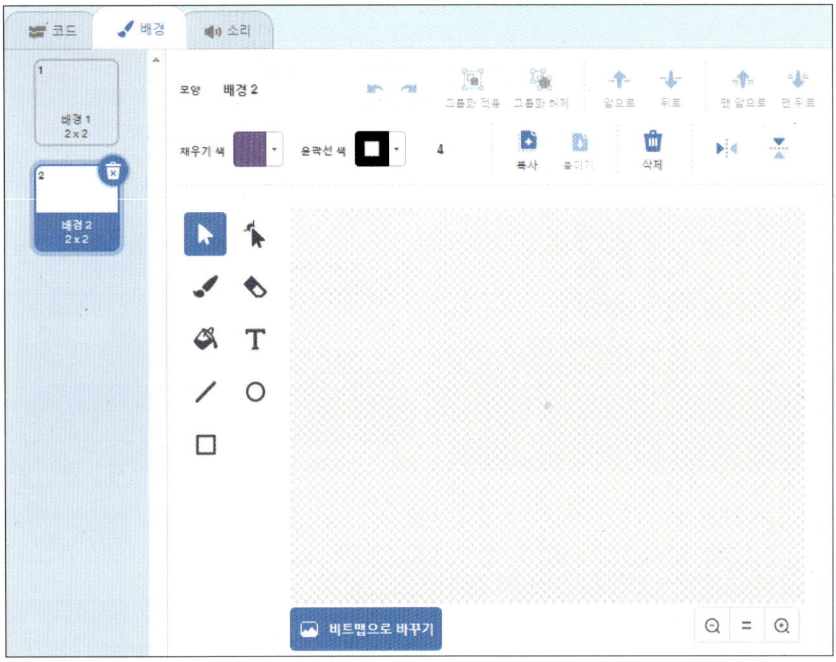

03 스크래치의 그림판은 간단히 무대나 스프라이트 그림을 그리거나 수정할 수 있는 기능을 가지고 있다. 상단의 채우기 색은 무대나 스프라이트에 색을 채우는 기능이 있고, 윤곽선은 도형의 윤곽선의 굵기를 나타낸다. 하단에서 그림 유형을 비트맵과 벡터로 정의할 수 있으며 기본적으로 벡터로 정의되어 있다. 벡터 유형에서 설정할 수 있는 기능은 다음과 같다.

	선택 : 그림판의 객체(도형)를 선택
	형태 고치기 : 꼭짓점을 이동하여 도형의 모양 바꾸기
	붓 : 붓으로 그림 그리기(붓 크기 조절 가능)
	지우개 : 그림 일부를 지우는 기능
	채우기 색 : 도형의 안쪽에 색 채우기
	텍스트 : 텍스트 입력
	선 : 직선 그리기
	원 : 원 그리기(Shift 키와 함께 사용하면 정원)
	직사각형 : 사각형 그리기(Shift 키와 함께 사용하면 정사각형)

04 **채우기 색**( )을 선택하고 옵션에서 **채우기 색**을 클릭하면 색의 색상, 채도 명도를 조절할 수 있다. 색상은 초록색으로 변경하고 명도를 조절한다(사용자가 원하는 색으로 조절한다).

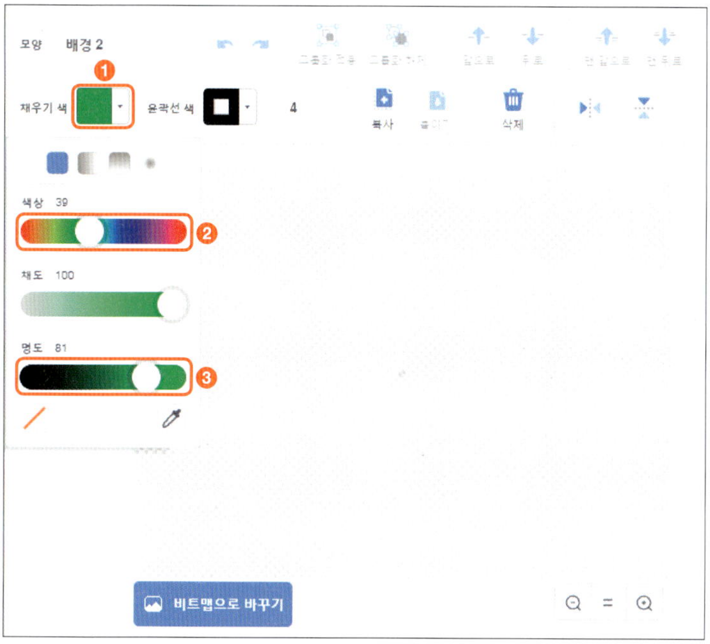

05 옵션에서 **윤곽선 색**을 클릭하고 **투명**(⁄)을 클릭하여 윤곽선이 표시되지 않도록 한다. **직사각형**(□)을 선택하여 그림판의 왼쪽 상단에서 오른쪽 하단까지 드래그하면 초록색의 사각형이 그려지며 무대 배경이 변경된다.

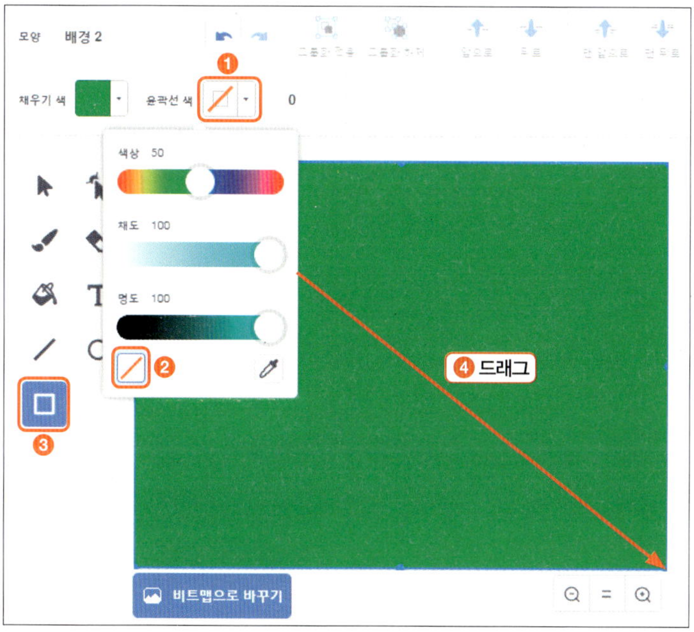

2 두더지 굴 그리기

01 이번 게임을 위해서는 두 가지의 스프라이트(두더지와 두더지 굴)가 필요하다. [스프라이트]에서 스프라이트 고르기( )에 포함된 그리기( )를 클릭한다.

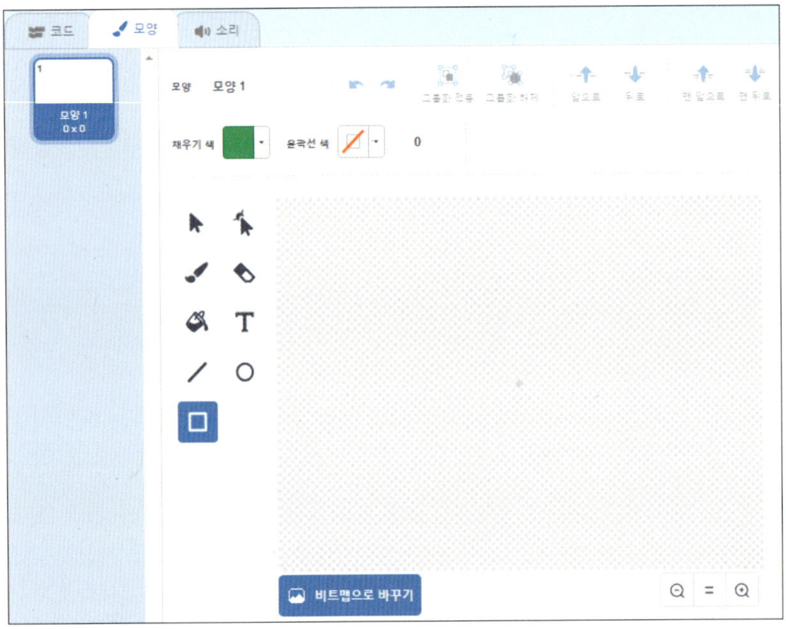

02 옵션에서 채우기 색은 투명( ), 윤곽선 색은 검정, 두께는 4로 설정한다. 원( )을 선택하여 그림판의 중심점을 기준으로 두더지가 움직이는 굴을 표현하기 위한 스프라이트를 그리고 크기를 조절한다. 중심점은 스프라이트의 중심이므로 이 점을 중심으로 그려야 스프라이트의 좌표 설정이 용이해진다.

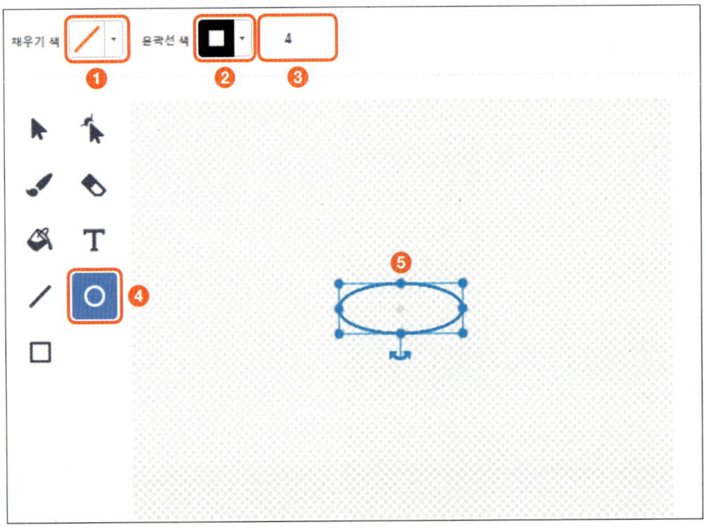

03 **채우기 색( )**을 선택하고 옵션에서 **채우기 색**을 클릭하여 색상을 검정으로 변경한 후 타원형의 내부를 클릭한다.

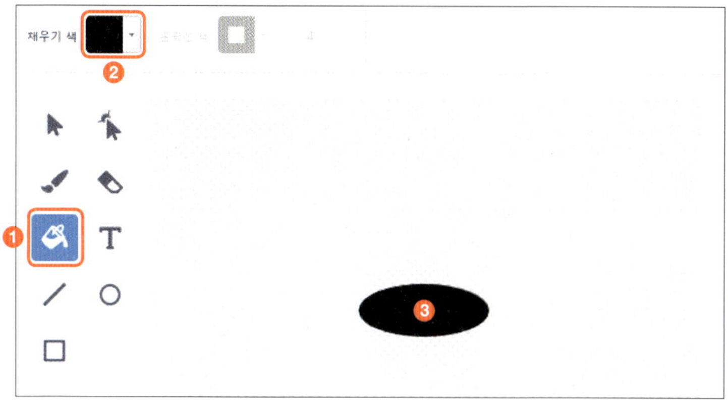

04 두더지 굴이 5개 필요함으로 [스프라이트]에서 **스프라이트 1**을 마우스 오른쪽 버튼으로 클릭한 후 **복사**를 4회 실행한다.

05 두더지 굴을 표현한 스프라이트의 위치를 이동시킨다. 스프라이트의 정확한 위치는 프로그램에서 좌표로 조절할 예정이다.

3 두더지 그리기

01 두더지가 있는 굴을 하나 더 만들어 이동해가는 게임을 만들기 위해 두더지 굴을 하나 더 복사한 후 **스프라이트 고르기( )**에 포함된 **그리기( )**를 클릭하여 두더지 그림을 그린다. 두더지 그림을 정교하게 그리기 위해서 그림판 하단의 확대( )를 이용한다. [스프라이트]에서 이름을 **두더지**로 변경한다.

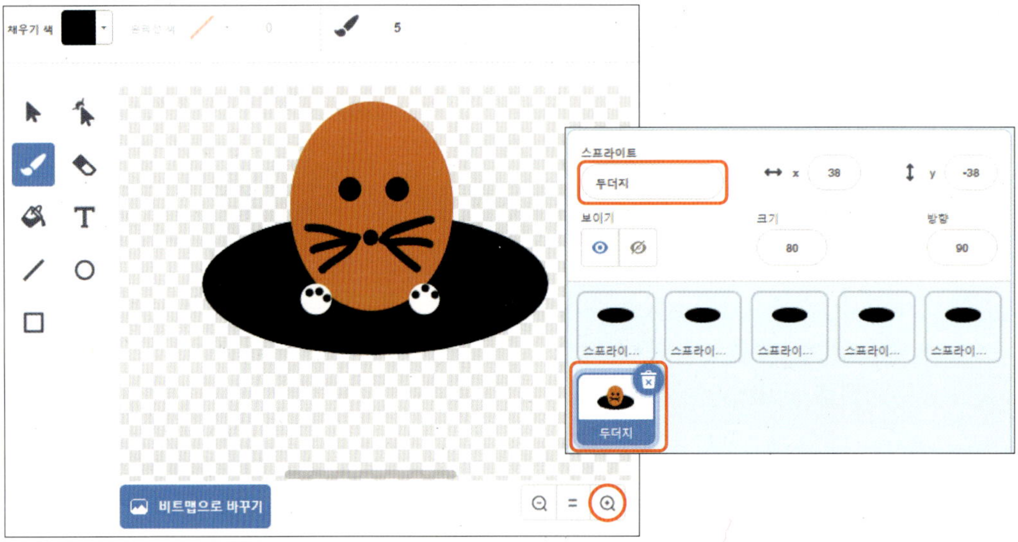

02 게임의 흥미를 위해 [소리] 탭에서 **소리 고르기( )**를 클릭하여 Pop(두더지를 잡았을 때) 이외에 D Sax(잘못 클릭했을 때)와 Xylo2(종료했을 때) 소리를 추가한다.

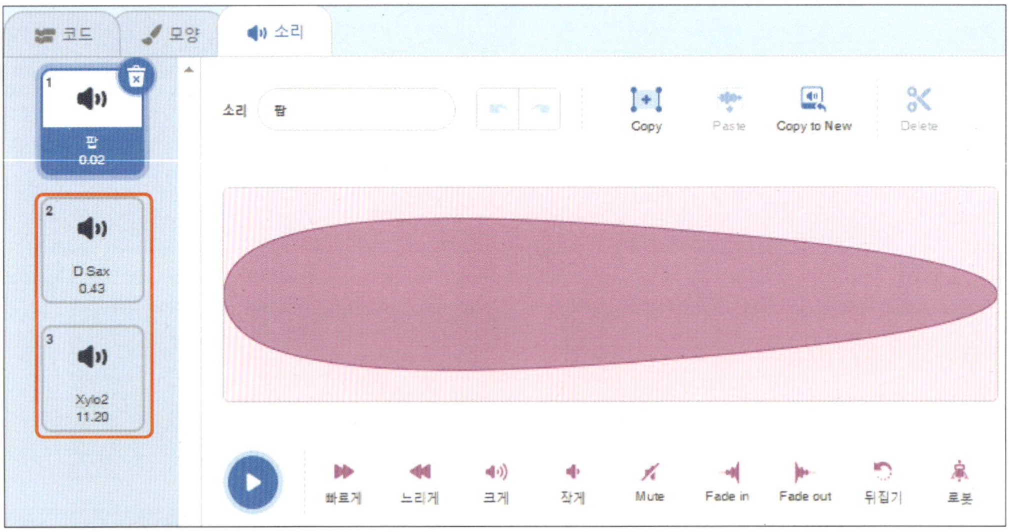

5.2 두더지 잡기 게임 프로그램 만들기

변수를 선언해 보자. 두더지 잡기 게임은 점수를 나타내는 "점수", 게임 진행 시간을 설정하기 위한 "시간", 두더지가 나타나는 굴의 위치를 나타내는 "현재굴", 게임의 흥미를 위해 두더지가 나타나는 속도를 조절하기 위한 "속도" 변수가 필요하다.

1 두더지 이동 프로그램

01 변수 – 변수 만들기를 이용하여 4개의 변수를 선언하고 점수와 시간 변수는 무대에서 보이도록 한다.

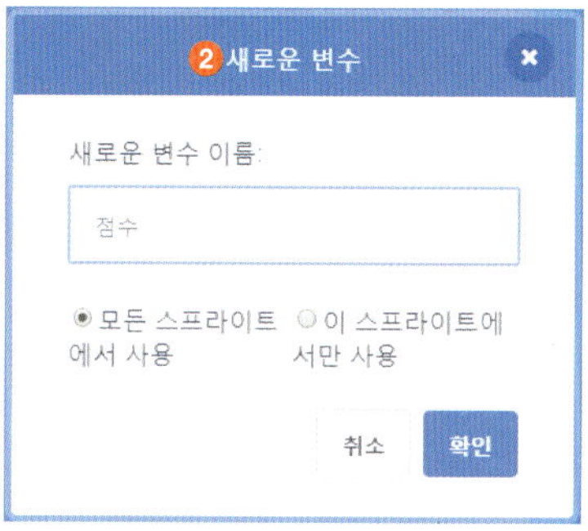

02 이 게임은 두더지가 없는 굴의 위치에 "두더지" 스프라이트가 정확하게 일치하여야 한다. 따라서 게임 시작과 함께 굴의 위치를 정해주는 것이 중요하다. 굴을 표현한 **스프라이트 1~스프라이트 5**에 대한 각각의 [코드] 탭에서 좌표를 정한다.

❶

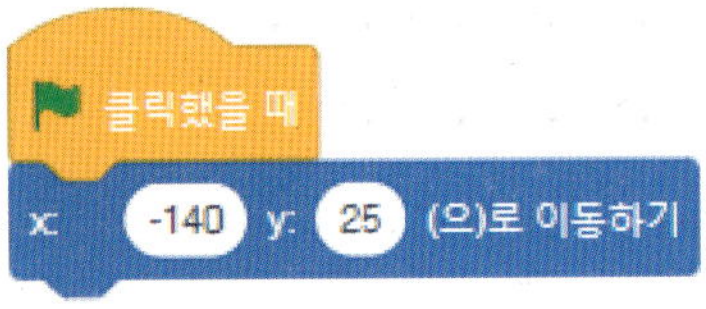

이벤트 – 클릭했을 때
동작 – x:{–140} y:{25}(으)로 이동하기

❷

이벤트 – 클릭했을 때
동작 – x:{0} y:{25}(으)로 이동하기

❸

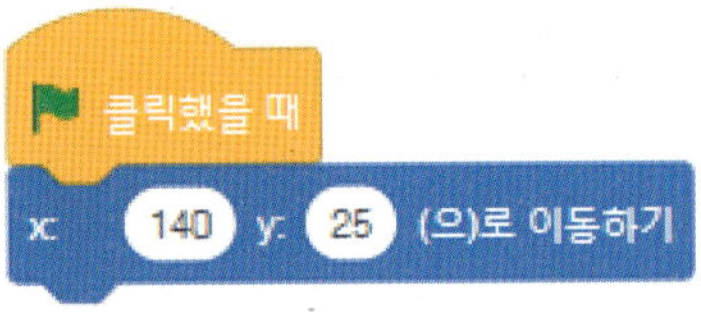

이벤트 – 클릭했을 때
동작 – x:{140} y:{25}(으)로 이동하기

❹

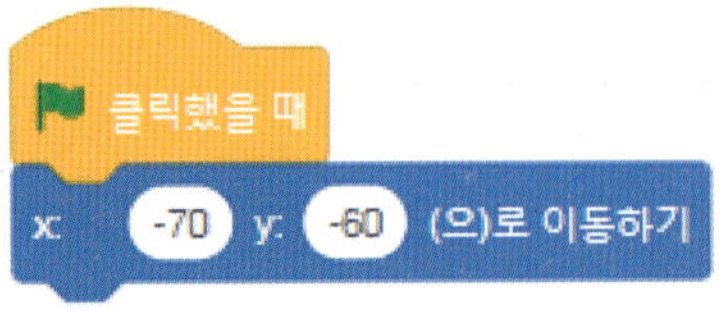

이벤트 – 클릭했을 때
동작 – x:{–70} y:{–60}(으)로 이동하기

❺

이벤트 – 클릭했을 때
동작 – x:{70} y:{–60}(으)로 이동하기

알고가기

두더지 굴의 크기에 고려하여 두더지 굴이 겹치지 않도록 좌표를 설정한다.

03 이 게임의 주체는 두더지가 있는 굴 즉, **두더지** 스프라이트이며 이벤트 – 클릭했을 때로 시작한다. 두더지가 굴보다 항상 앞에 표시되도록 순서를 정하고 선언한 변수를 초기화한다. 이때 두더지 움직임에 대한 속도의 초기값은 0.7로 한다.

❶ 이벤트 – 클릭했을 때
❷ 형태 – 맨 [앞쪽▼]으로 순서 바꾸기
❸ 변수 – [점수▼]을 {0}로 정하기
❹ 변수 – [속도▼]을 {0.7}로 정하기
❺ 변수 – [시간▼]을 {0}로 정하기
❻ 감지 – 타이머 초기화

알고가기 속도 0.7을 수정하여 두더지의 움직임을 빠르게 혹은 느리게 조정할 수 있다.

04 게임을 30초 동안만 반복하기 위한 블록을 작성한다.

❶ 제어 – 〈 ❷ 〉까지 반복하기
❷ 연산 – { ❸ } = {30}
❸ 변수 – 시간

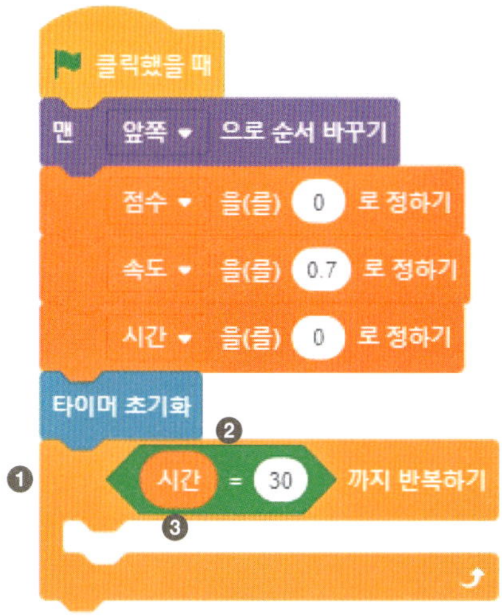

05 반복 블록 안을 채워줄 블록을 만들어보자. 게임이 시작되면 두더지는 5개의 굴 중 한 곳에서 나타나야 하므로 1~5 사이의 난수 블록을 이용한다.

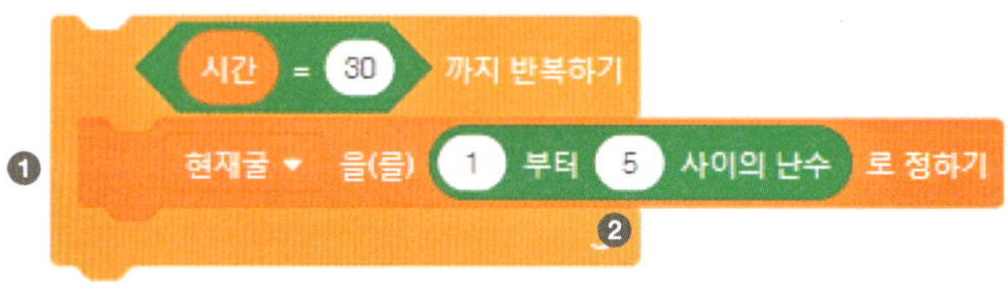

❶ 변수 – [현재굴▼]을(를) { ❷ }로 정하기
❷ 연산 – {1}부터 {5} 사이의 난수

06 두더지가 나타날 굴의 위치가 정해지면 두더지가 그 위치 굴에 나타나야 한다. 현재굴이 1이면 "두더지" 스프라이트는 첫 번째 굴의 위치인 (–140, 25)로 이동한다.

❶ 제어 – 만약 〈 연산 – { 변수 – 현재굴 } = {1} 〉(이)라면
❷ 동작 – x:{–140} y:{25}(으)로 이동하기
아니면

07 현재굴이 1이 아니라면 두더지를 정해진 다른 위치로 이동한다. 프로그램 작성의 기본인 선택처리를 이해해야 하며 특히 마지막의 **만약<조건>(이)라면~아니면** 블록에서 4가 아니면 남은 굴은 5이므로 별도 조건을 검사할 필요가 없다.

❶ 제어 – 만약 〈 연산 – { 변수 – 현재굴 } = {2} 〉(이)라면
　　❷ 동작 – x:{0} y:{25}(으)로 이동하기
아니면
　　❸ 제어 – 만약 〈 연산 – { 변수 – 현재굴 } = {3} 〉(이)라면
　　　　❹ 동작 – x:{140} y:{25}(으)로 이동하기
　　아니면
　　　　❺ 제어 – 만약 〈 연산 – { 변수 – 현재굴 } = {4} 〉(이)라면
　　　　　　❻ 동작 – x:{–70} y:{–60}(으)로 이동하기
　　　　아니면
　　　　　　❼ 동작 – x:{70} y:{–60}(으)로 이동하기

08 두더지가 다음 굴로 이동하기 전에 시간을 지연한다.

❶ 제어 – { ❷ } 초 기다리기
  ❷ 변수 – 속도

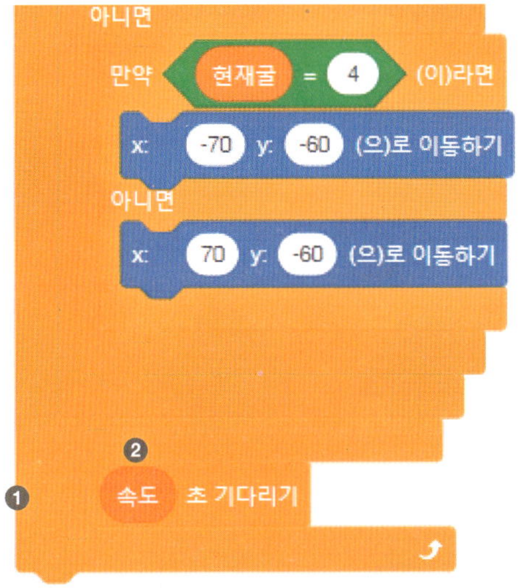

09 게임을 종료하기 위해 기본 변수 타이머를 이용하여 시간 변수의 값을 정한다.

❶ 변수 – [시간▼]을(를) { ❷ }로 정하기
  ❷ 연산 – [버림▼] ({ ❸ })
    ❸ 감지 – 타이머

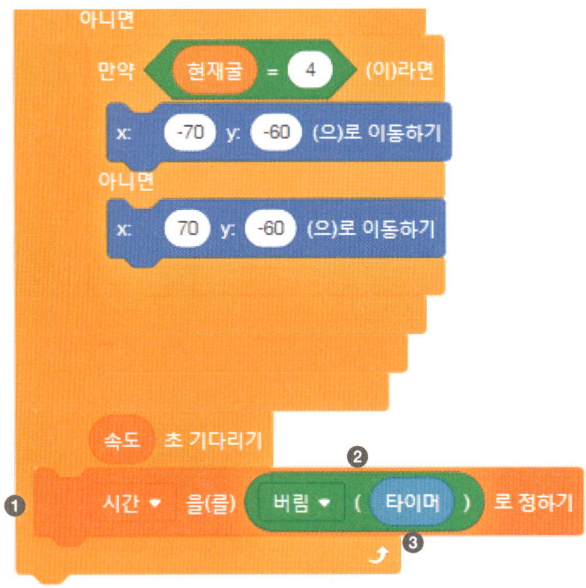

10 30초 동안 게임이 진행되다가 종료되면 음향 효과와 점수를 표시한 후 프로그램을 종료한다.

> ❶ 소리 – [Xylo2▼] 재생하기
> ❷ 형태 – { ❸ }을(를) {15}초 동안 말하기
> ❸ 연산 – {당신의 점수는 }와(과) { ❹ } 결합하기
> ❹ 변수 – 점수
> ❺ 제어 – 멈추기 (모두▼)

2 게임 점수 프로그램

점수와 관련해서는 "두더지" 스프라이트가 클릭되었을 때 점수가 올라가고, 무대를 클릭했을 때는 점수가 감소하도록 한다.

01 **두더지** 스프라이트에서 두더지를 정상적으로 클릭했을 때 음향 효과를 표현하고 점수를 획득하도록 블록을 작성한다.

> ❶ 이벤트 – 이 스프라이트를 클릭했을 때
> ❷ 음악 – [Pop▼] 재생하기
> ❸ 변수 – [점수▼]을(를) {10}만큼 바꾸기

02 무대를 클릭했을 때의 음향 효과와 메시지를 표현하도록 블록을 작성한다.

❶ 이벤트 – [잘못눌렀습니다▼] 신호를 받았을 때
❷ 소리 – [D Sax▼] 재생하기
❸ 형태 – {잘못 클릭했어!!}을(를) {0.5}초 동안 말하기

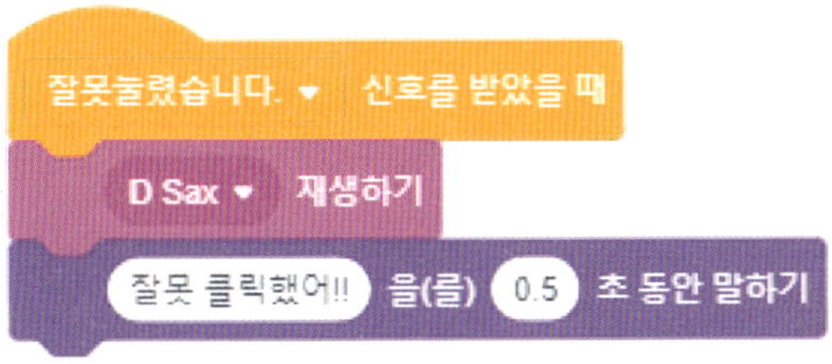

03 [무대]에서 **배경**을 선택하고 무대를 클릭했을 때 감점되도록 블록을 작성한다.

❶ 이벤트 – 무대를 클릭했을 때
❷ 변수 – [점수▼]을(를) {-10}만큼 바꾸기
❸ 이벤트 – [잘못눌렀습니다▼] 신호 보내기

04 모든 스크립트가 완성되었으므로 **녹색 깃발(🚩)**을 클릭하여 프로그램을 실행해 보자.

3 위치 변경 프로그램

두더지의 위치를 난수로 처리하였으나 계속 같은 숫자가 발생한다면 두더지는 움직이지 않는 것처럼 보이게 된다. 따라서 두더지가 다른 굴에서 나타나도록 위치를 매번 변경하기 위한 블록을 프로그램에 추가해보자.

01 두더지 위치에 대한 난수가 발생했을 때 두더지의 위치가 이전과 같은지를 확인하여야 한다. 이를 위해 **이전굴** 변수를 추가한다.

02 변수를 선언했으므로 초기화하여야 한다.

변수 – [이전굴▼]을(를) (0)로 정하기

03 난수를 발생한 값을 **현재굴** 변수로 정하고, **이전굴** 변수의 값과 비교하여 두 변수의 값이 같지 않을 때까지 새로운 난수를 발생시킨다.

❶ 제어 – 만약 〈 ❷ 〉(이)라면
　　❷ 연산 – {변수 – 현재굴} = {변수 – 이전굴}
　　❸ 제어 – 〈 ❹ 〉까지 반복하기
　　　　❹ 연산 – 〈 ❺ 〉이(가) 아니다
　　　　　　❺ 연산 – {변수 – 현재굴} = {변수 – 이전굴}
　　　　❻ 변수 – [현재굴▼]을(를) { ❻ }로 정하기
　　　　　　❼ 연산 – {1}부터 {5} 사이의 난수

04 현재굴에 대한 두더지의 위치가 정해지면 이전굴 변수의 값을 현재굴 변수의 값으로 변경한다.

❶ 변수 – [이전굴▼]을(를) { ❷ }로 정하기
　　❷ 변수 – 현재굴

알고가기

두더지가 같은 굴에서 나타나지 않도록 하는 알고리즘을 잘 이해한다.

05 모든 스크립트가 완성되었으므로 **녹색 깃발(🏴)**을 클릭하여 프로그램을 실행해 보자.

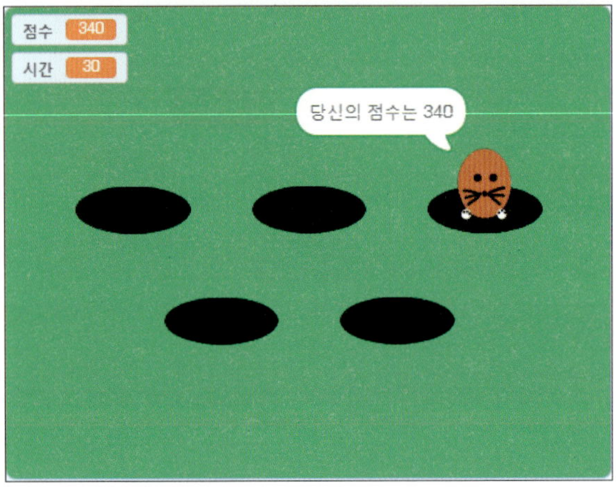

속도 변수 값을 조절하고, 음향 효과, 메시지를 변경하여 좀 더 게임의 흥미를 높여보자.

Chapter 05 연습문제

■ **두더지는 2마리, 굴은 7개로 게임을 확장하여 프로그램을 작성하시오.**

처리 조건

- 두더지를 복사하여 2마리로 한다.
- 두더지 굴은 복사하여 7개로 하며 위치를 상단으로 정한다.
- 게임 시간은 30초로 한다.

06 CHAPTER

공 피하기 게임 만들기

Scratch Programming

학습목표

- 복제하기 학습하기
- 무대 좌표 활용하기
- 난수 활용하기
- 감지 기능 이용하기

무대 위쪽에서 공이 내려오고 냥이가 공을 피하는 게임을 만들어보자. 기회는 5회로 하고, 시간이 지나면 공이 나타나는 수를 증가하여 게임의 난이도를 조절한다. 냥이는 공을 피하기 위해 키보드의 왼쪽과 오른쪽 화살표 키를 이용한다.

6.1 공 피하기 게임 무대 만들기

01 무대 배경을 변경하기 위해 [무대]에서 **배경 고르기(◎)**를 클릭하고 실외를 선택한 후 Playing Field를 선택한다.

02 스프라이트를 추가하기 위해 [스프라이트]에서 **스프라이트 고르기(◎)**를 클릭하고 Ball을 선택한다. "냥이" 스프라이트의 크기는 프로그램에서 처리한다.

03 [소리] 탭에서 **소리 고르기( )**를 클릭하고 필요 없는 소리는 삭제한다. 검색란에 필요한 소리 이름인 'bossa nova'을 입력한 후 선택하여 추가한다.

6.2 공 피하기 게임 프로그램 만들기

변수를 선언해 보자. 공 피하기 게임은 제한 시간 없이 공을 5번 맞았는지 확인하기 위한 "기회" 변수를 선언한다. 또한 난이도를 높이기 위해 시간이 지남에 따라 공의 개수를 늘리기 위한 기본 변수 타이머를 이용하며, 게임의 점수는 몇 초 동안 진행되었는지로 결정한다.

1 냥이 이동 프로그램

01 **변수 – 변수 만들기**를 이용하여 **기회** 변수를 선언하고 무대에서 보이도록 한다.

02 [스프라이트]에서 **냥이**를 선택하고 프로그램은 이벤트 – 🏴 클릭했을 때로 시작하며 크기와 위치를 정한 후 블록을 클릭하여 확인한다.

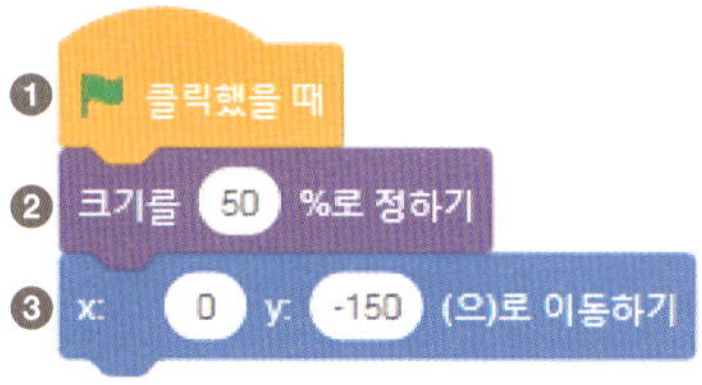

❶ 이벤트 – 🏴 클릭했을 때
❷ 형태 – 크기를 {50}%로 정하기
❸ 동작 – x:{0} y:{–150}(으)로 이동하기

03 **기회** 변수의 초기값을 5로 하고 기본 변수 타이머 블록을 이용하여 초기화한다. 키보드의 왼쪽과 오른쪽 화살표 키를 눌렀을 때 "냥이" 스프라이트의 방향을 변경하기 위한 블록을 작성한다.

❶ 변수 – [기회▼]을(를) {5}로 정하기
❷ 감지 – 타이머 초기화
❸ 동작 – 회전 방식을 [왼쪽–오른쪽▼](으)로 정하기

04 이번 프로그램은 시간에 관계없이 반복하기 때문에 제어 – 무한 반복하기 블록을 이용하며 기회가 0인지를 확인하여 프로그램이 종료되도록 처리한다.

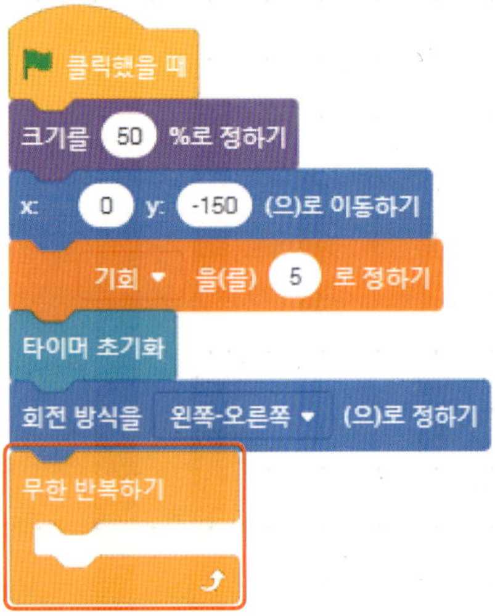

05 키보드의 왼쪽 화살표 키의 눌림 여부를 판단하여 방향, 이동, 모양에 대한 블록을 작성한다.

❶ 제어 – 만약 〈 ❷ 〉(이)라면 ❷ 감지 – [왼쪽 화살표▼]키를 눌렸는가? ❸ 동작 – {–90}도 방향 보기 ❹ 동작 – {10}만큼 움직이기 ❺ 형태 – 다음 모양으로 바꾸기

06 같은 방법으로 키보드의 오른쪽 화살표 키의 눌림 여부를 판단하여 방향, 이동, 모양에 대한 블록을 작성한다.

> ❶ 제어 – 만약 〈 ❷ 〉(이)라면
>   ❷ 감지 – [오른쪽 화살표▼]키를 눌렸는가?
>   ❸ 동작 – {90}도 방향 보기
>   ❹ 동작 – {10}만큼 움직이기
>   ❺ 형태 – 다음 모양으로 바꾸기

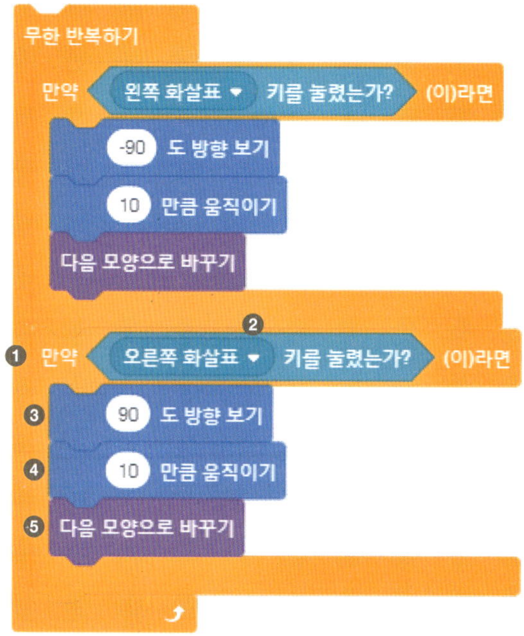

알고가기

왼쪽 화살표(←), 오른쪽 화살표(→) 처리를 위해 만약 〈조건〉(이)라면 ~ 블록을 이용하였다. 이를 만약 〈조건〉(이)라면 ~ 아니면 ~ 블록을 이용하여 수정해 보고 두 프로그램의 차이를 확인해 보자.

07 블록을 클릭하고 키보드의 왼쪽과 오른쪽 화살표 키를 눌렀을 때 "냥이" 스프라이트가 방향과 모양을 잘 바꾸면서 이동하는지 확인한다.

2 프로그램 종료와 소리 설정

게임은 냥이가 볼을 5번 맞으면, 즉 **기회** 변수의 값이 0이면 몇 초간 게임을 진행했는지를 말하고 종료된다. 만약 2개 이상의 "볼" 스프라이트가 동시에 "냥이" 스프라이트에 닿으면 기회는 −1 이하가 될 수도 있다.

01 무한 반복하기 블록에 기회 변수와 비교하고 종료하기 위한 블록을 작성한다. 종료되기 전에 기본 변수 타이머를 이용하여 게임을 진행한 시간이 표시되도록 한다.

> ❶ 제어 – 만약 〈 ❷ 〉(이)라면
>   ❷ 연산 – { ❸ } 〈 {1}
>   ❸ 변수 – 기회
>   ❹ 형태 – { ❺ }을(를) {5}초 동안 말하기
>   ❺ 연산 – { ❻ }와(과) {초!} 결합하기
>   ❻ 연산 – [버림▼] (❼)
>   ❼ 감지 – 타이머
>   ❽ 제어 – 멈추기 [모두▼]

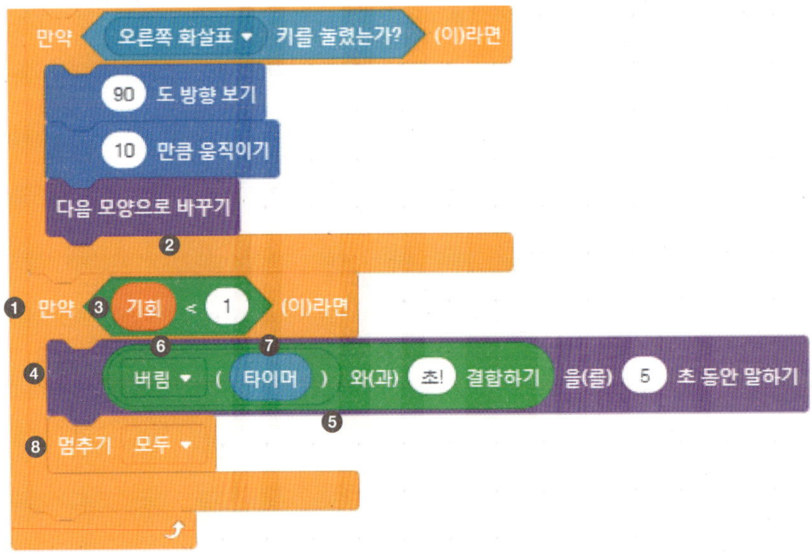

02 게임이 시작되면 소리를 재생하여 게임의 흥미를 유발한다.

> ❶ 이벤트 – 🏴 클릭했을 때
> ❷ 제어 – 무한 반복하기
>   ❸ 소리 – [Bossa Nova▼] 끝까지 재생하기

3 볼(Ball) 스프라이트 프로그램

01 [스프라이트]에서 Ball을 선택하고 프로그램은 이벤트 – 🏴클릭했을 때로 시작한다. 게임이 시작되면 "볼" 스프라이트는 무대에서 숨기고 기회 변수와 비교하여 반복되는 조건을 작성한다.

> ❶ 이벤트 – 🏴 클릭했을 때
> ❷ 형태 – 숨기기
> ❸ 제어 – 〈 ❹ 〉까지 반복하기
> ❹ 연산 – { ❺ } < {1}
> ❺ 변수 – 기회

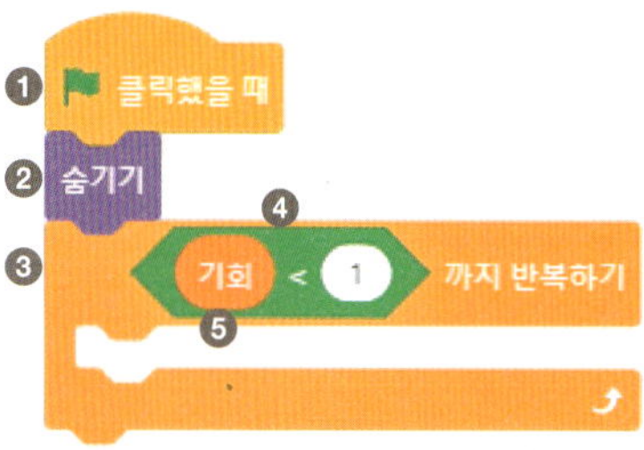

02 기본 변수 타이머를 이용하여 볼의 생성 시간을 설정하고 난이도를 조절하기 위해 볼의 수를 늘리기 위한 복제 블록을 작성한다.

> ❶ 제어 – { ❷ }번 반복하기
> ❷ 연산 – [올림▼] (❸)
> ❸ 연산 – { ❹ } ÷ {5}
> ❹ 감지 – 타이머
> ❺ 제어 – [나 자신▼] 복제하기
> ❻ 제어 – {1}초 기다리기

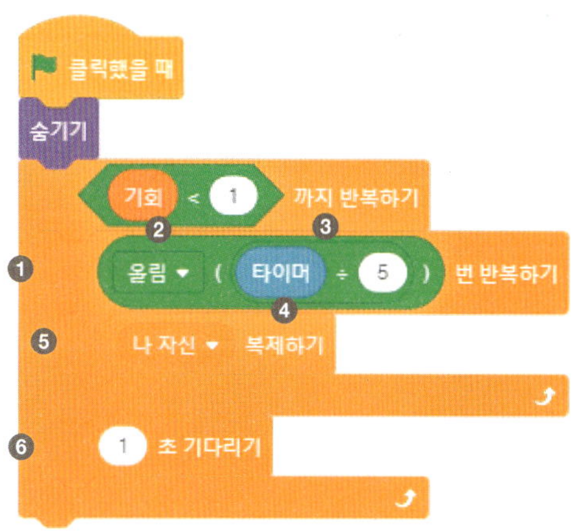

03 "볼" 스프라이트의 동작에 대한 프로그램은 제어 – 복제되었을 때 블록으로 시작한다. "볼" 스프라이트가 복제되면 난수를 이용하여 상단 시작 위치와 색상을 정한다.

> ❶ 제어 – 복제되었을 때
> ❷ 동작 – x:{ ❸ } y:{160}(으)로 이동하기
>   ❸ 연산 – {-220}부터 {220} 사이의 난수
> ❹ 형태 – [색깔▼] 효과를 { ❺ }(으)로 정하기
>   ❺ 연산 – {1}부터 {200} 사이의 난수
> ❻ 형태 – 보이기

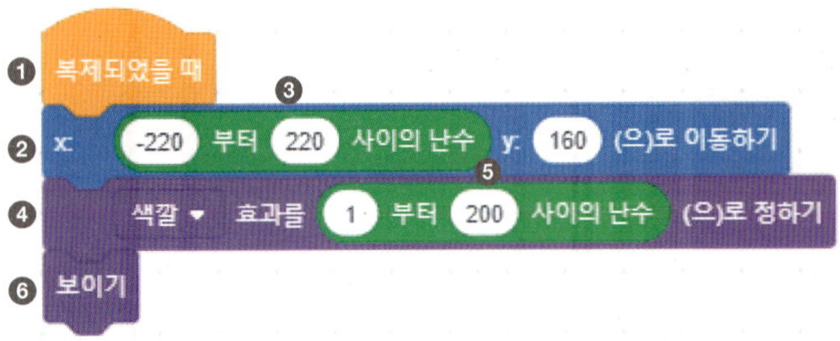

04 "볼" 스프라이트가 무대 아래쪽으로 이동할 때 무대 하단이나 "냥이" 스프라이트에 닿으면 감춘다. 스크래치는 무대의 외곽 4면을 모두 벽으로 인식한다. 만약 "냥이" 스프라이트에 닿으면 기회를 1 감소시킨다.

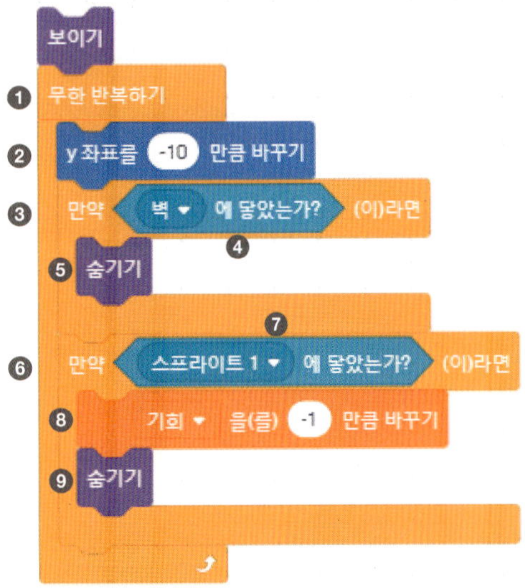

> ❶ 제어 – 무한 반복하기
>   ❷ 동작 – y 좌표를 {-10}만큼 바꾸기
>   ❸ 제어 – 만약 ⟨ ❹ ⟩(이)라면
>   ❹ 감지 – [벽▼]에 닿았는가?
>   ❺ 형태 – 숨기기
>   ❻ 제어 – 만약 ⟨ ❼ ⟩(이)라면
>   ❼ 감지 – [스프라이트 1▼]에 닿았는가?
>   ❽ 변수 – [기회▼]을(를) {-1}만큼 바꾸기
>   ❾ 형태 – 숨기기

05 모든 스크립트가 완성되었으므로 **녹색 깃발(⚑)**을 클릭하여 프로그램을 실행해 보자.

지연시간, 기회 변수의 초기값 등을 조절하여 좀 더 게임의 흥미를 높여보자.

Chapter 06 연습문제

- 앵무새가 사과를 먹기 위해 날아오고 사과는 좌우 화살표를 이용하여 앵무새를 피하는 프로그램을 작성하시오.

처리 조건

- 무대 배경은 'Boardwalk'로 한다.
- 사과(Apple) 스프라이트의 크기는 70, 앵무새(Parrot) 스프라이트의 크기는 20으로 한다.
- 앵무새는 무대 상단(y좌표 : 120)의 임의 장소에 나타난다.
- 앵무새가 무대 하단(벽)에 닿으면 점수를 1 증가시키고 숨긴다.
- 앵무새는 항상 사과 방향으로 이동한다(동작 – Apple(으)로 이동하기).
- 앵무새 수는 시간이 지남에 따라 증가하도록 한다(복제하기).
- 사과에 앵무새가 닿으면 점수를 말하고 게임을 종료한다.
- 게임과 어울리는 음향 효과를 추가한다.

07 CHAPTER 경마 게임 만들기

Scratch Programming

학습목표

- 복제하기 활용하기
- 무대 좌표 이해하기
- 동작 개념 이해하기

난수를 이용하여 말 5마리가 경주하는 프로그램이다.

7.1 경마 게임 무대 만들기

01 이번 프로그램은 냥이가 필요 없으므로 [스프라이트]에서 "냥이" 스프라이트 오른쪽 상단의 휴지통을 클릭하여 무대에서 삭제한다.

02 무대의 배경을 변경하기 위해 [무대]에서 **배경 고르기( )**를 클릭하고 **실외**에서 Forest를 선택한다.

03 경마를 위해 말이 필요하므로 [스프라이트]에서 **스프라이트 고르기( )**를 클릭하고 **동물**에서 Horse를 선택한다.

04 [스프라이트]에서 말(Horse)의 크기를 30으로 변경한다.

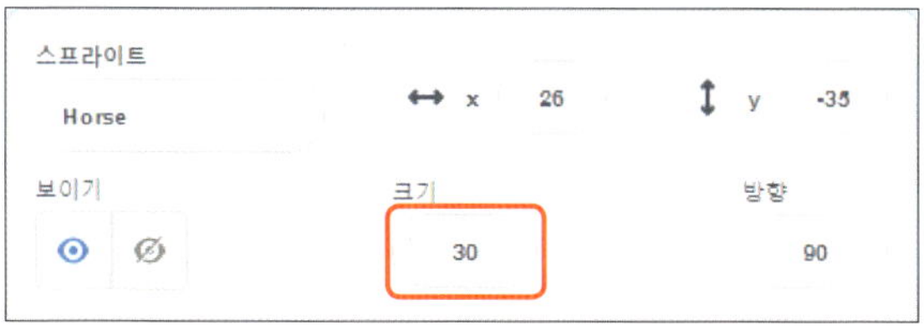

7.2 경마 게임 프로그램 만들기

1 경마 준비하기

01 경마가 끝났을 때 순위를 나타내는 변수가 필요하므로 변수 – 변수 만들기를 이용하여 순위 변수를 선언하고 무대에서 보이지 않도록 한다.

02 프로그램은 이벤트 – 🏁 클릭했을 때로 시작하며 순위 변수를 0으로 초기화한다.

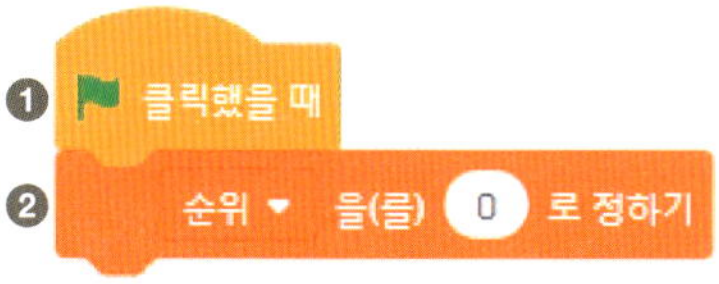

❶ 이벤트 – 🏁 클릭했을 때
❷ 변수 – [순위▼]을(를) (0)로 정하기

03 스프라이트의 초기 위치를 이동하고 블록을 클릭하여 확인한다.

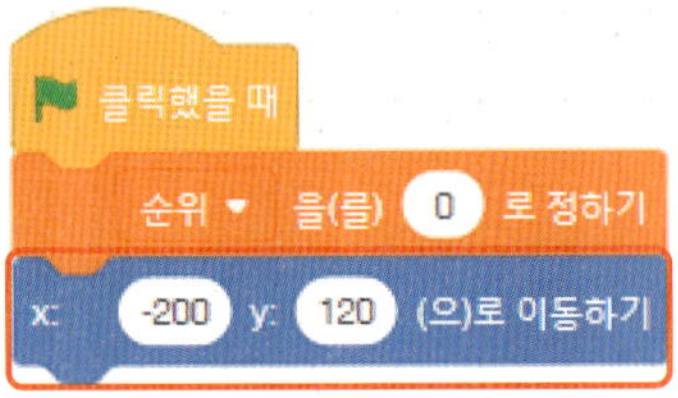

동작 – x:{–200} y:{120}(으)로 이동하기

04 경마를 위해 4마리의 말을 복제한다. 말이 복제될 때마다 색을 변경하고 위치를 현재 위치에서 세로(Y축)로 –70만큼 이동한다.

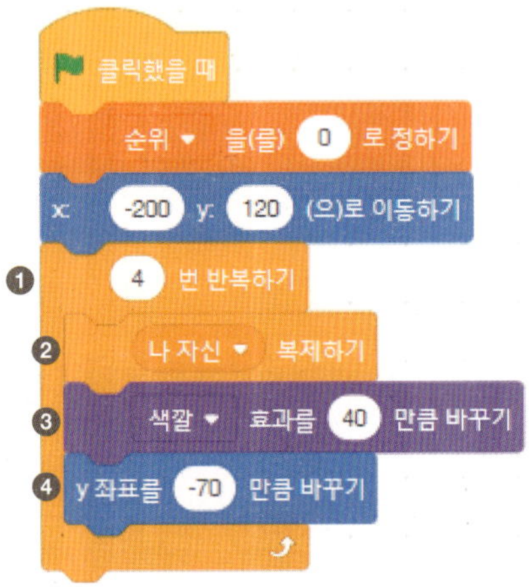

❶ 제어 – {4}번 반복하기
　❷ 제어 – [나 자신▼] 복제하기
　❸ 형태 – [색깔▼] 효과를 {40}만큼 바꾸기
　❹ 동작 – y 좌표를 {–70}만큼 바꾸기

05 경마는 1초 후에 시작하고 진행은 별도의 블록에서 처리하기 위해 **출발** 신호를 보내도록 블록을 작성한다.

❶ 제어 – {1}초 기다리기
❷ 이벤트 – [출발▼] 신호 보내기

2 경주 프로그램

01 **출발** 신호를 받으면 경기를 시작하여 말들이 종착점까지 달리도록 블록을 작성한다. 순위를 정하기 위해 말이 움직이는 거리는 난수를 이용하여 속도를 다르게 하고 달리는 효과를 나타낸다.

❶ 이벤트 – [출발▼] 신호를 받았을 때
❷ 제어 – 〈 연산 – {동작 – x좌표} 〉{220} 〉까지 반복하기
　❸ 동작 – {연산 – {1}부터 {10} 사이의 난수} 만큼 움직이기
　❹ 형태 – 다음 모양으로 바꾸기
　❺ 제어 – {0.1}초 기다리기 // 말 움직임 조정

02 말이 종착점에 도착하면 초기 모양(horse–a)으로 변경하고 등수를 말한 후 종료하도록 블록을 작성한다.

❶ 형태 – 모양을 [horse–a▼](으)로 바꾸기
❷ 변수 – [순위▼]을(를) {1}만큼 바꾸기
❸ 형태 – {연산 – {변수 – 순위}와(과) {등} 결합하기} 말하기

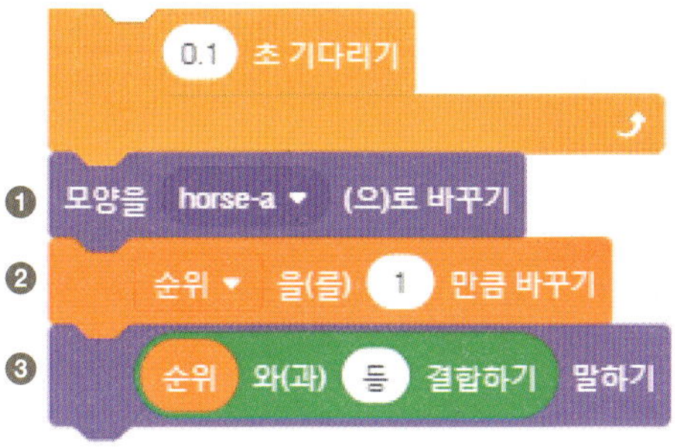

03 모든 스크립트가 완성되었으므로 **녹색 깃발(🏴)**을 클릭하여 프로그램을 실행해 보자.

7.3 좌표와 방향 이해하기

01 **[파일]-[새로 만들기]**를 선택하여 초기화한다. 무대의 좌표를 이해하기 위해 [무대]에서 **배경 고르기**( )를 클릭하고 Xy-grid를 선택하여 무대 배경을 변경한다.

02 무대는 중심점 좌표(0,0)를 기준으로 가로 축(X축)은 240~240, 세로 축(Y축)은 -180~180 범위이다.

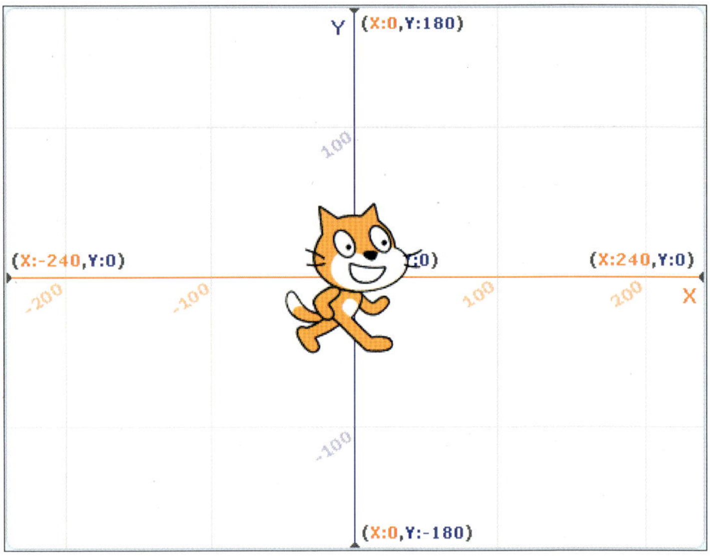

03 스프라이트 이동과 관련된 블록은 **동작**이다. 동작 – x:{0} y:{0}(으)로 이동하기 블록을 사용하여 실행하면 스프라이트는 무대 어느 곳에 있던 항상 무대 중심(0,0)으로 이동하게 된다.

04 동작 – x:{150} y:{100}(으)로 이동하기와 동작 – {1}초 동안 x:{150} y:{100}(으)로 이동하기 블록을 각각 작성하고 실행해 본다. 지정된 시간 동안 이동하면서 움직임이 보이는 차이를 확인할 수 있다.

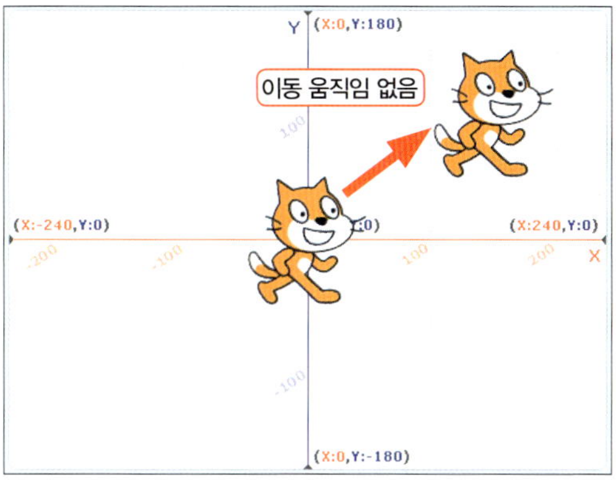

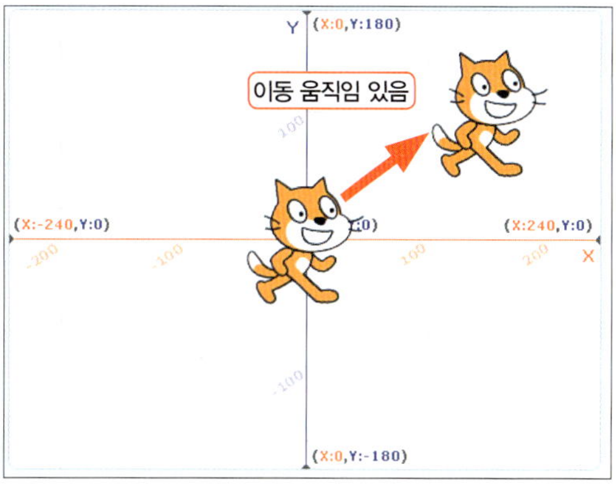

05 동작 – {100}만큼 움직이기와 동작 – {−100}만큼 움직이기 블록을 각각 작성하고 여러 번 실행하면 좌표 100만큼 이동하게 된다.

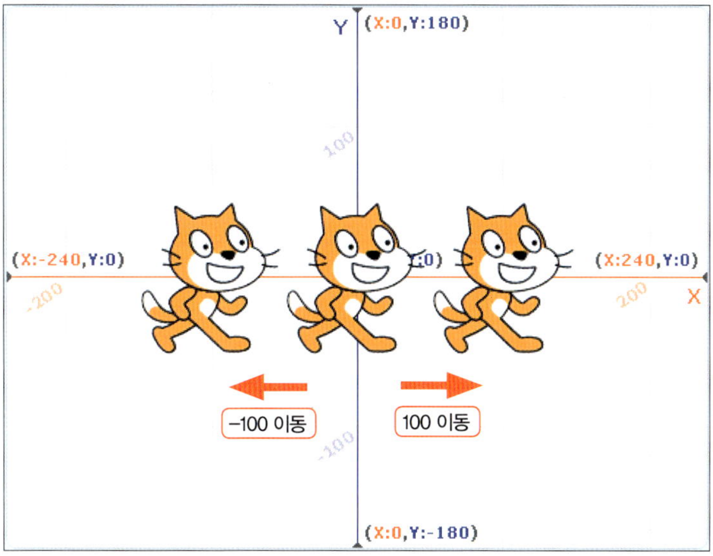

06 동작 - {-90}도 방향 보기와 동작 - {90}도 방향 보기 블록을 각각 작성하고 실행하면 스프라이트가 좌우로 대칭된다.

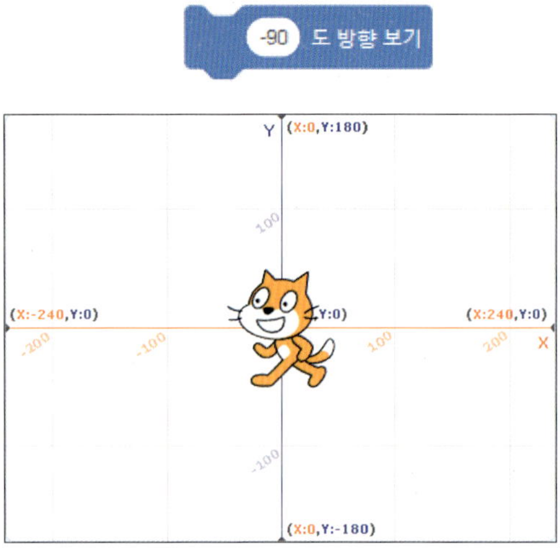

07 스프라이트가 벽에 닿으면 자동으로 방향을 바꾸어 회전하도록 블록을 작성하여 실행한다.

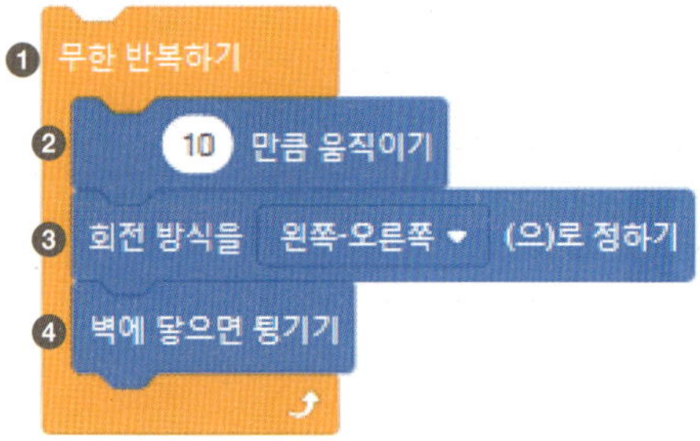

❶ 제어 - 무한 반복하기
❷ 동작 - {10}만큼 움직이기
❸ 동작 - 회전 방식을 [왼쪽-오른쪽▼](으)로 정하기
❹ 동작 - 벽에 닿으면 튕기기

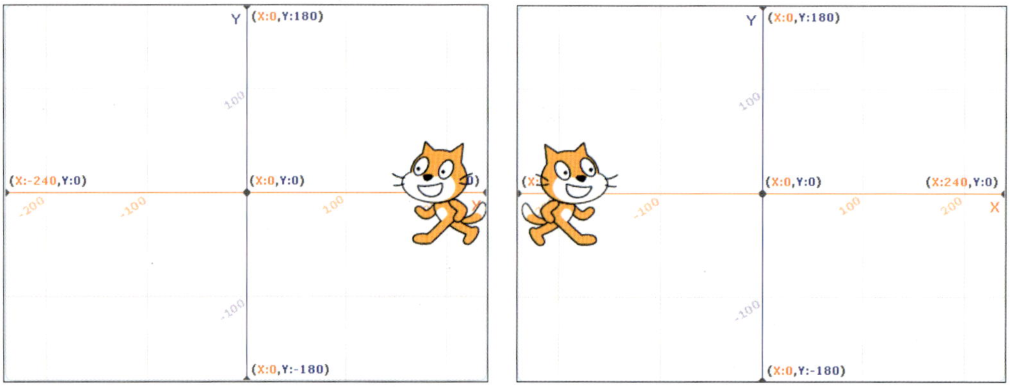

알고가기 동작 분류의 다른 명령블록에 대해서도 공부해 보자.

Chapter 07 연습문제

■ **비행 고양이(Cat Flying) 5마리가 경주하는 프로그램을 작성하시오.**

처리 조건

- 무대 배경은 'Blue Sky'로 한다.
- 비행고양이 스프라이트의 크기는 50으로 한다.
- 비행고양이 5마리는 복제하여 색깔을 바꾸고 경주한다.
- 비행고양이가 결승점(x좌표 : 220)에 도착하면 게임을 종료한다.
- 5마리의 비행고양이는 결승점에 도착하면 자신의 순위를 말한다.
- 게임과 어울리는 노래연주를 추가한다.

08 CHAPTER

홀수 또는 짝수 알아내기/ 아날로그 시계 만들기

Scratch Programming

학습목표

- 입력 값 처리하기
- 프로그램 종료 조건 학습하기
- 방향과 회전 이해하기

8.1 홀수 또는 짝수 알아내기

숫자를 입력하면 홀수인지, 짝수인지를 판단하는 프로그램을 작성해보자.

1 홀수 또는 짝수 프로그램

01 이번 프로그램은 별도의 무대 배경없이 **감지**에 있는 기본 변수인 **대답**을 이용한다.

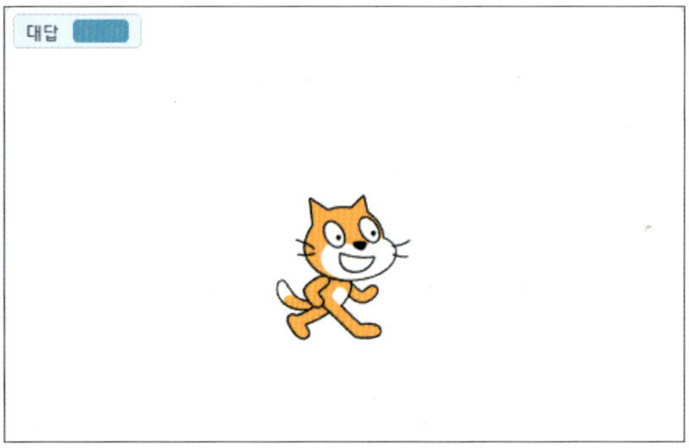

알고가기 대답은 스크래치의 기본 변수이다.

02 프로그램은 이벤트 – 🏴 클릭했을 때로 시작하며 질문하는 블록을 작성하고 실행한다. 무대 하단에 표시되는 입력창에 사용자가 직접 값을 입력하고 입력된 값은 기본 변수인 **대답**에 저장된다. 값을 입력한 후에는 Enter를 누르거나 입력창 오른쪽에 ✔를 클릭한다.

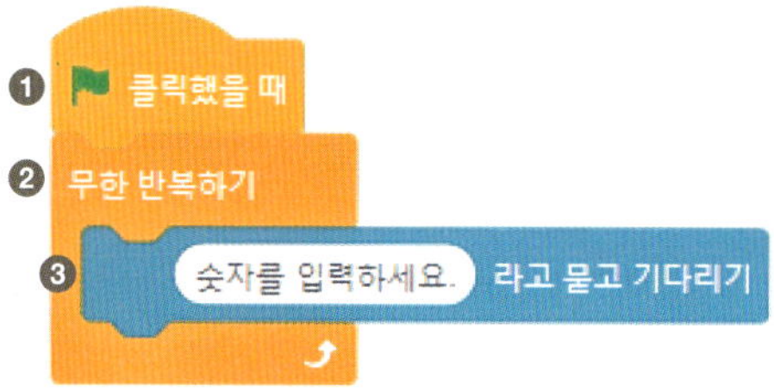

❶ 이벤트 – 🏴 클릭했을 때
❷ 제어 – 무한 반복하기
❸ 감지 – {숫자를 입력하세요.}라고 묻고 기다리기

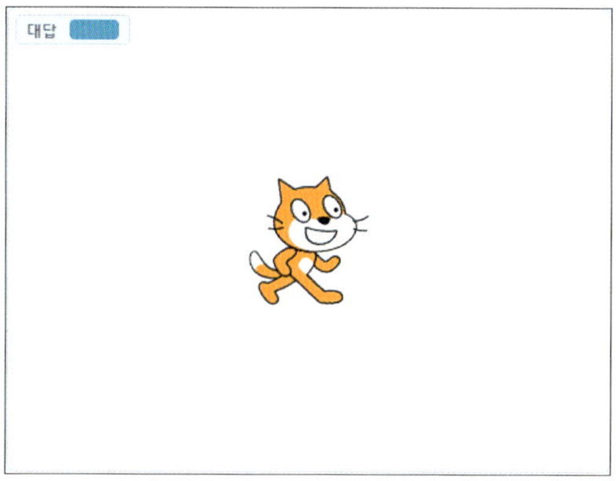

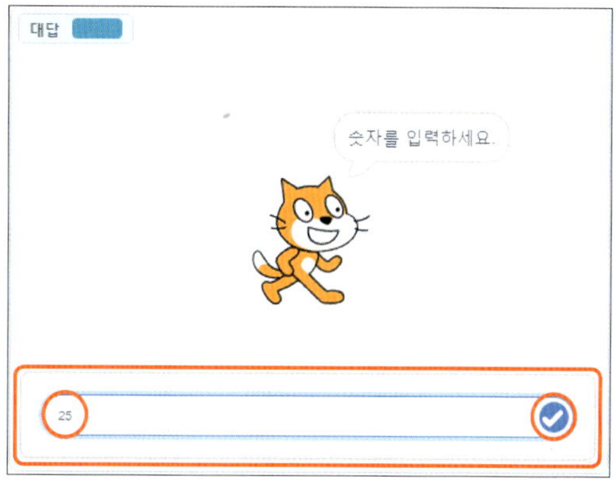

03 **대답**에 저장된 입력 값이 홀수인지, 짝수인지를 판단하기 위해 2로 나누어 나머지를 확인한다.

❶ 제어 – 만약 〈 ❷ 〉(이)라면
❷ 연산 – { ❸ } = {1}
❸ 연산 – { ❹ } 나누기 {2}의 나머지
❹ 감지 – 대답
아니면

04 나머지가 1이면 홀수이고 아니면 짝수이다.

❶ 형태 – { ❷ }을(를) {2}초 동안 말하기 ❷ 연산 – { ❸ }와(과) {은(는) 홀수이다.} 결합하기 ❸ 감지 – 대답 아니면 ❹ 형태 – { ❺ }을(를) {2}초 동안 말하기 ❺ 연산 – { ❻ }와(과) {은(는) 짝수이다.} 결합하기 ❻ 감지 – 대답

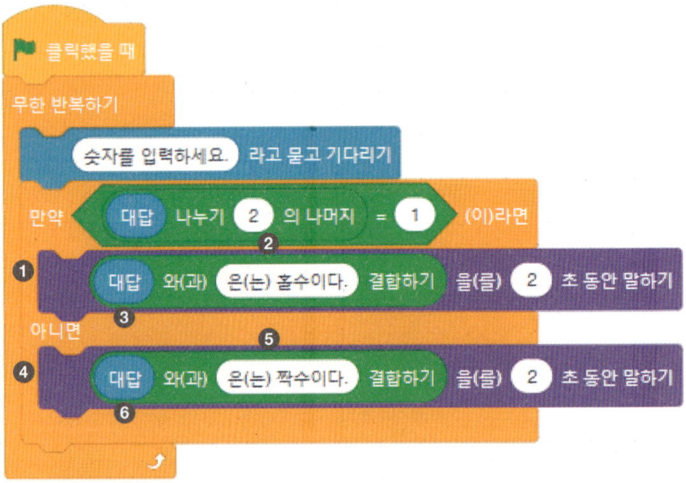

05 녹색 깃발(🏁)을 클릭하여 프로그램을 실행시켜 보자.

2 종료 처리 프로그램

홀수와 짝수를 판단하였으나 무한 반복하기를 이용하였으므로 프로그램이 종료되지 않는다. 모든 프로그램은 시작되었으면 종료되어야 하며 프로그램의 성격에 따라 종료 방식은 달라진다. 이번 프로그램에서는 999가 입력되면 종료하며 이를 위해 프로그램을 수정한다.

01 이벤트 – 🏁 클릭했을 때 다음에 처음 질문하는 블록을 작성하고 제어 – 무한 반복하기 대신 제어 – 〈조건〉까지 반복하기를 이용한다. 종료되는 조건은 999가 입력되는지를 비교하도록 한다.

> ❶ 감지 – {숫자를 입력하세요.}라고 묻고 기다리기
> ❷ 제어 – 〈 ❸ 〉 까지 반복하기
> ❸ 연산 – { ❹ } = {999}
> ❹ 감지 – 대답

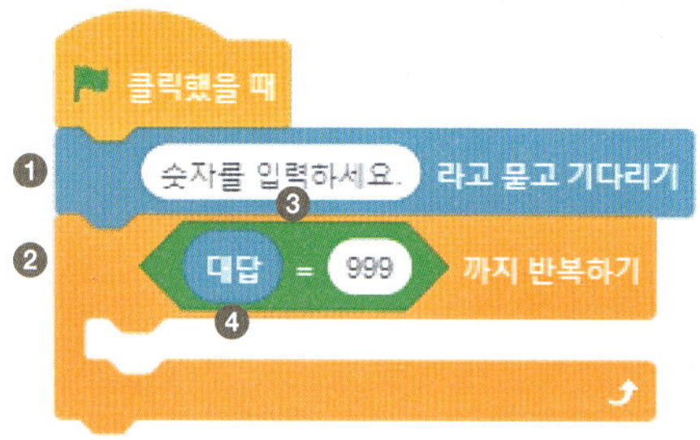

알고가기

프로그램의 종료를 위한 다양한 조건을 생각해 보자.

02 홀수와 짝수를 비교한 후에 다시 질문하는 블록을 작성하고 프로그램 종료와 관련된 블록을 작성한다.

> ❶ 감지 – {숫자를 입력하세요.}라고 묻고 기다리기
> ❷ 형태 – {프로그램을 종료합니다.}을(를) {5}초 동안 말하기
> ❸ 제어 – 멈추기 [모두▼]

03 모든 스크립트가 완성되었으므로 **녹색 깃발(🏳)**을 클릭하여 프로그램을 실행해 보자.

8.2 아날로그 시계 만들기

시침과 분침이 있는 아날로그 시계 프로그램을 만들어 보자.

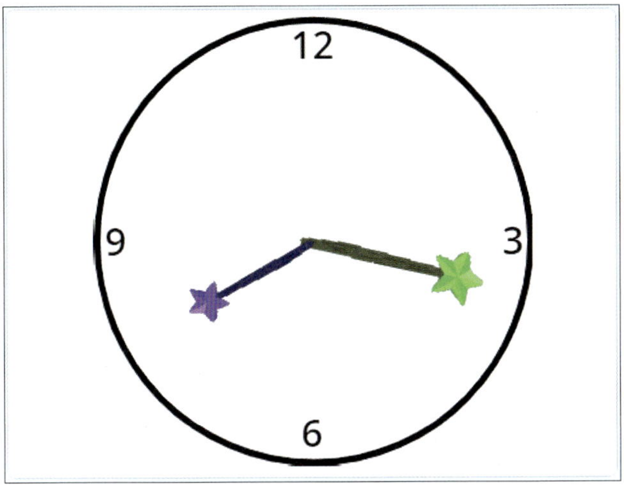

1 시계 무대 만들기

01 [파일]-[새로 만들기]를 선택하여 초기화하고 [스프라이트]에서 "냥이" 스프라이트를 삭제한다. 무대에 시계의 원, 숫자, 중심을 확인하기 위해 [무대]에서 배경 고르기( )를 클릭하고 Xy-grid를 클릭하여 무대의 배경을 XY 좌표로 변경한다.

02 [무대]에서 배경을 선택하고 [배경] 탭을 클릭한 후 원을 그리기 위해 [벡터로 바꾸기]를 클릭한다. 옵션에서 채우기 색은 투명(／), 윤곽선 색은 검정, 두께는 10으로 설정한다.

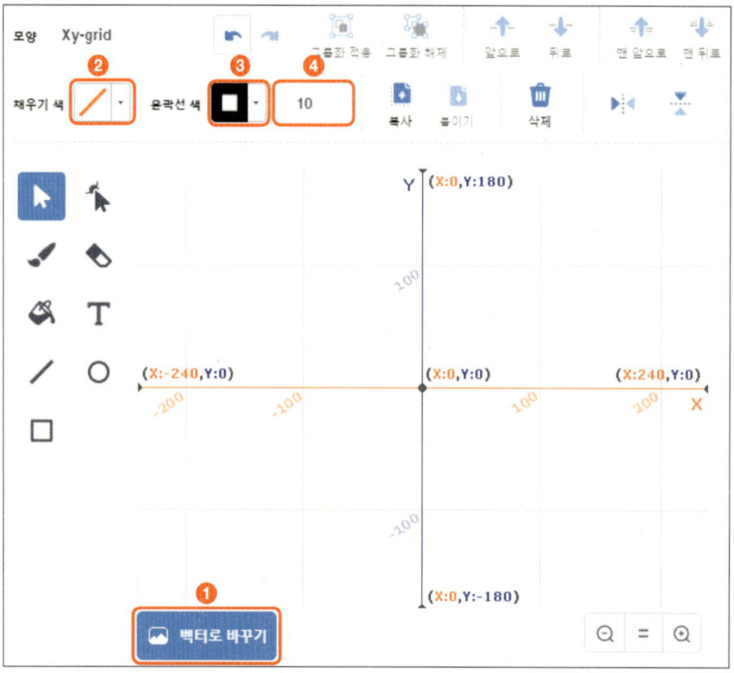

03 원(○)을 선택하여 무대의 중심점을 기준으로 원을 그린다. Shift 를 누른 상태에서 드래그하면 정원을 그릴 수 있다.

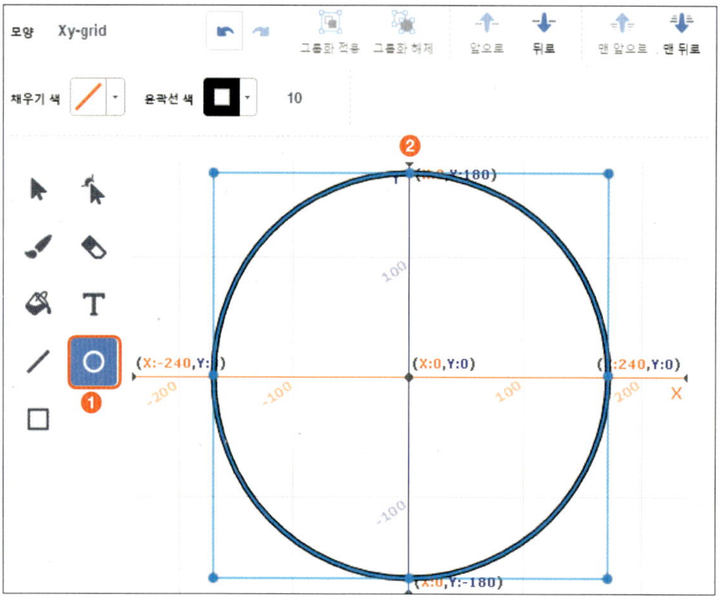

04 시계에 시간을 표시하기 위해 **텍스트(T)**를 클릭하고 채우기 색을 **검정**으로 변경한 후 그림판에 12를 입력한다. **선택(▶)**을 클릭하고 입력한 텍스트의 꼭짓점을 이용하여 글자의 크기와 위치를 조절한다.

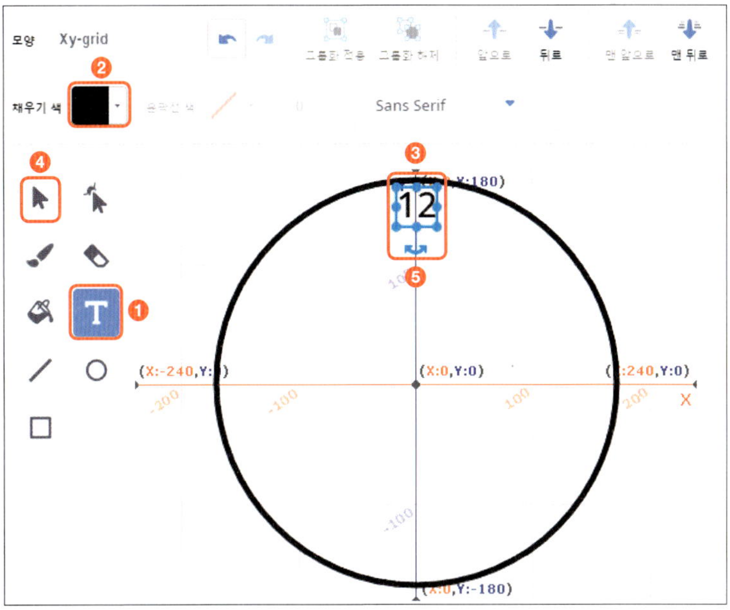

05 숫자 12를 선택하고 [Ctrl]+[C]를 눌러 복사한 후 [Ctrl]+[V]를 세 번 눌러 붙여넣기한다. 붙여넣은 숫자는 시간을 나타내기 위해 3, 6, 9로 수정하고 위치를 변경한다.

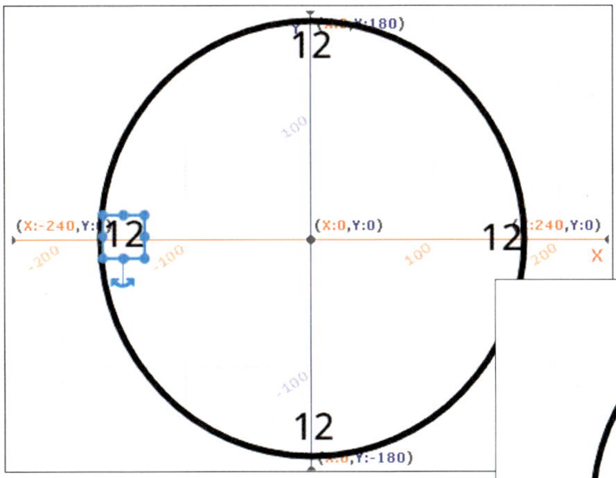

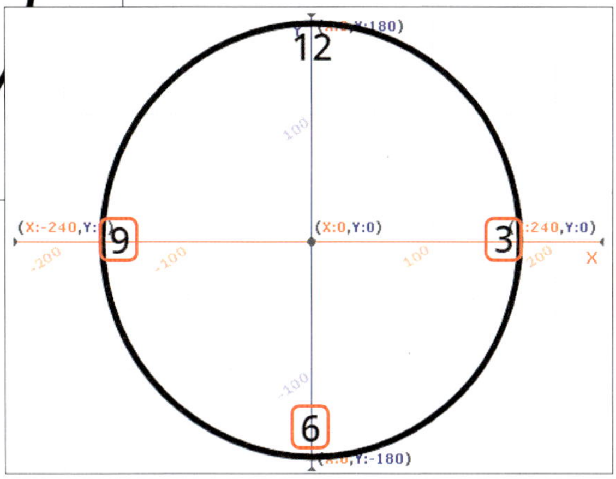

06 시계 모양의 그림이 완성되었으므로 Xy-grid를 선택하고 [Delete]를 눌러 무대에서 삭제한다.

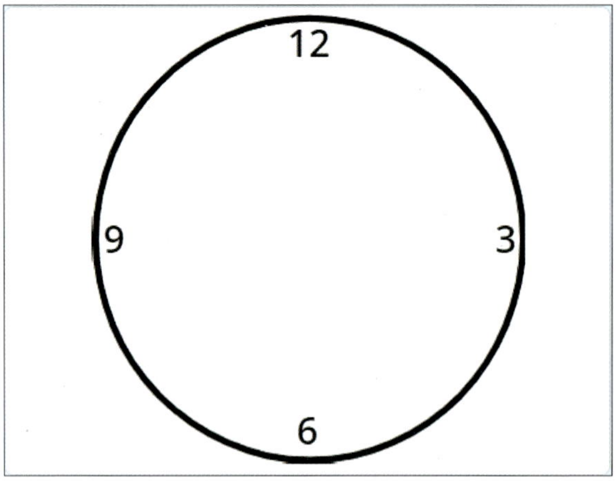

07 시계의 시침과 분침을 추가하기 위해 [스프라이트]에서 **스프라이트 고르기**( )를 클릭하고 **판타지**에서 **Wand**를 선택한다.

08 [스프라이트]에서 스프라이트의 이름은 **분침**, 크기는 **200**으로 변경한다.

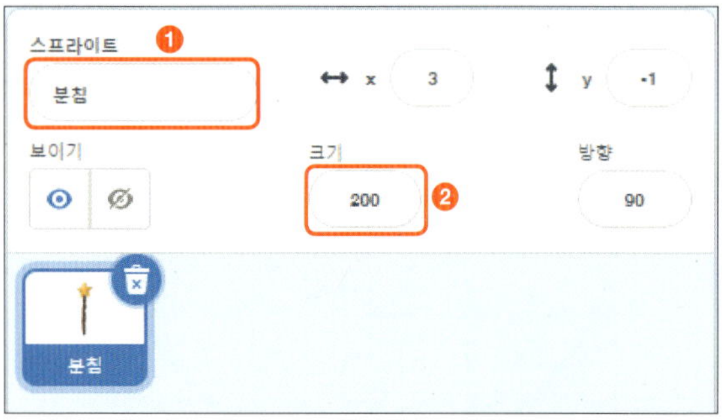

09 [모양] 탭을 선택하고 선택(▶)을 클릭하여 시계에서 분침의 위치를 중심점에 맞춘다. 이때 분침의 크기가 시계와 어울리지 않는다면 크기를 조절한다.

10 [스프라이트]의 분침에서 마우스 오른쪽 버튼을 클릭하여 복사하고 스프라이트의 이름은 시침, 크기는 150으로 변경한다.

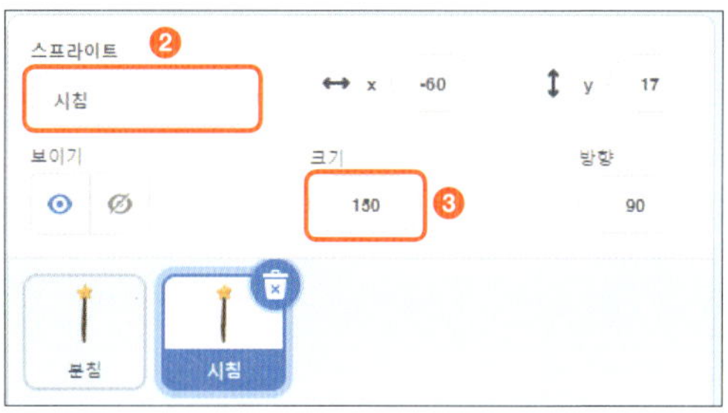

2 시계 프로그램 작성하기

01 [스프라이트]에서 **분침**을 선택하고 이벤트 – 🏁 클릭했을 때로 시작하도록 한 후 중심점에서 한쪽 방향으로 향하도록 한다.

❶ 이벤드 – 🏁 클릭했을 때
❷ 동작 – x:{0} y:{0}(으)로 이동하기
❸ 동작 – {90}도 방향 보기

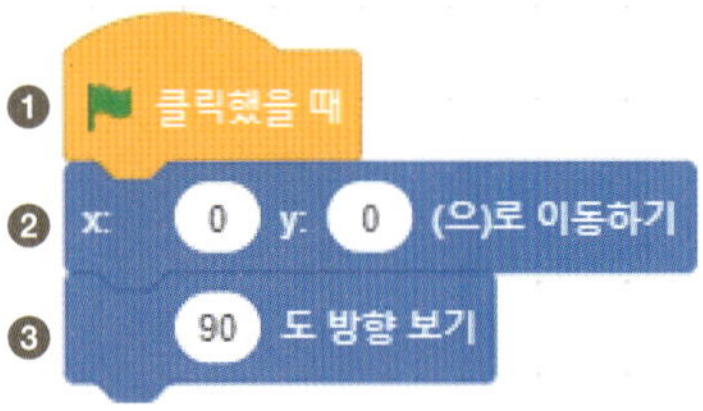

02 분침은 무한 반복하도록 블록을 작성하며 60번(60분)을 반복하는 동안 6도(360도÷60분)씩 회전하도록 한다(테스트할 때는 시간관계 상 제어 – {0}초 기다리기로 처리). 60분이 경과한 후에는 시침을 움직이기 위해 신호(60분)를 보낸다.

❶ 제어 – 무한 반복하기
    ❷ 제어 – {60}번 반복하기
        ❸ 동작 – ↻ 방향으로 {6}도 회전하기 // 1분에 6도 씩 움직임
        ❹ 제어 – {60}초 기다리기 // 1분 후에 움직임(테스트할 때는 0으로 처리)
    ❺ 이벤트 – [60분▼] 신호 보내기 // 60분 신호 만들기

03 [스프라이트]에서 **시침**을 선택하고 이벤트 – 🏴 클릭했을 때로 시작하도록 한 후 중심점에서 한쪽 방향으로 향하도록 한다.

> ❶ 이벤트 – 🏴 클릭했을 때
> ❷ 동작 – x:{0} y:{0}(으)로 이동하기
> ❸ 동작 – {90}도 방향 보기

04 시침은 "분침" 스프라이트로부터 신호(60분)를 받으면 동작하도록 한다. 분침이 한 바퀴 돌면 30도(360도÷12시간)씩 회전하도록 한다.

> ❶ 이벤트 – [60분▼] 신호를 받았을 때
> ❷ 동작 – ↻ 방향으로 {30}도 회전하기 // 1시간에 30도 씩 움직임

05 **녹색 깃발(🏴)**을 클릭하여 프로그램을 실행시켜 보자. 시간이 오래 걸리므로 분침의 제어 – {60}초 기다리기를 0으로 수정하고 실행한다.

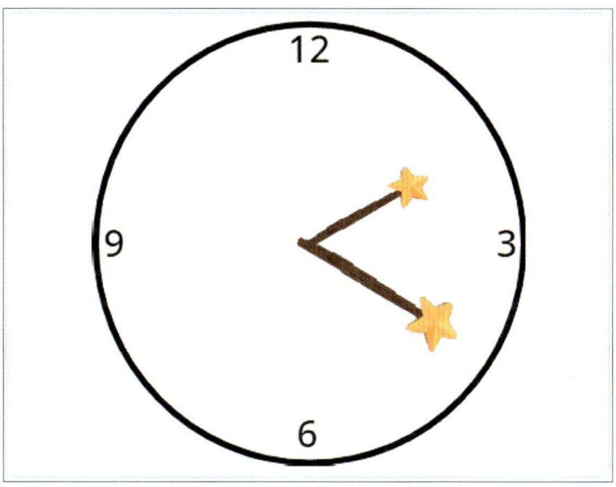

06 분침과 시침 스프라이트를 구성하는 별 색이 변경되도록 각각 수정해 보자. 분침은 매번 25씩, 시침은 15씩 변경한다.

형태 – [색깔▼] 효과를 {25}만큼 바꾸기

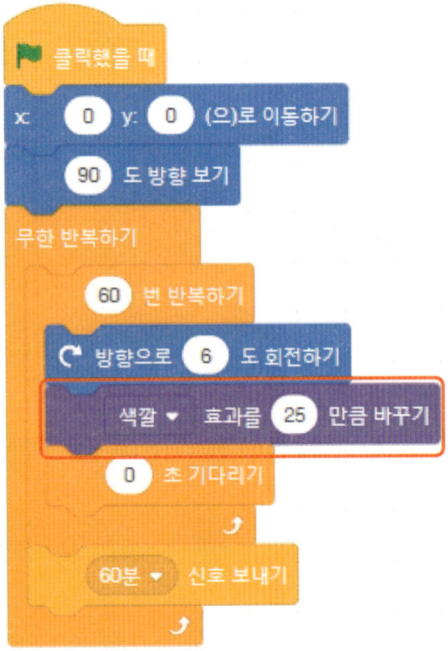

형태 – [색깔▼] 효과를 {15}만큼 바꾸기

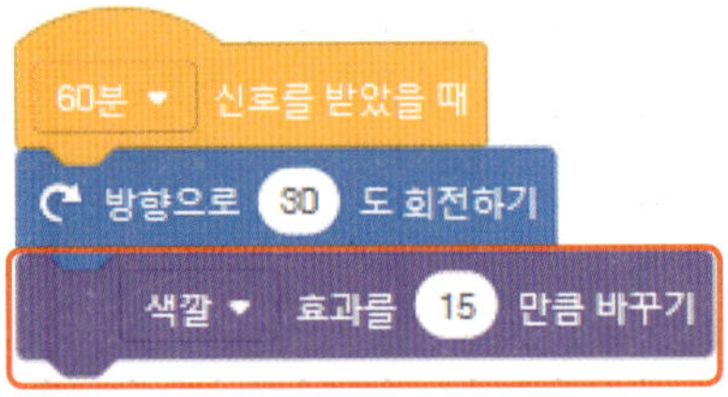

07 녹색 깃발(🏴)을 클릭하여 프로그램을 실행시켜 보자. 분침과 시침이 한번 움직일 때 분침 시침의 별 색이 변화하는 것을 확인하기 바란다.

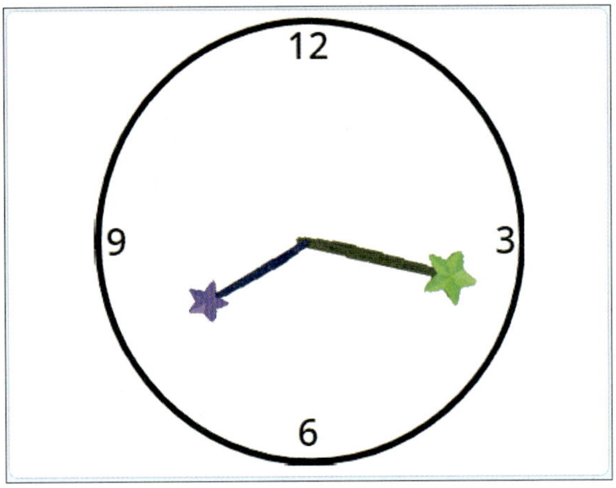

알고가기 스크래치의 색에 대해서는 9장에서 공부한다.

Chapter 08 연습문제

1. 입력된 값이 홀수인지 짝수인지를 판단하여 홀수의 개수와 합, 짝수의 개수와 합을 구하는 프로그램을 작성해 보자.

2. 디지털시계 프로그램을 작성하시오.

처리 조건

– 현재의 시간을 이용한다(감지 – 현재[년▼]).

확장 조건

알람기능을 추가해 보자.

09
CHAPTER

장애물 피하기/색깔 바꾸기와 그래픽 효과

Scratch Programming

학습목표

- 다양한 스프라이트 활용하기
- 복합 조건 처리하기
- 다양한 색깔 확인하기
- 그래픽 효과 종류 확인하기

9.1 장애물 피하기

Avery가 제자리에서 걸으면서 나타나는 곰과 앵무새를 스페이스 바를 이용하여 피하는 게임이다. 곰과 앵무새에 닿으면 게임이 끝나게 된다.

1 무대 만들기

01 이번 프로그램은 냥이가 필요 없으므로 [스프라이트]에서 "냥이" 스프라이트 오른쪽 상단의 휴지통을 클릭하여 무대에서 삭제한다.

02 무대의 배경을 변경하기 위해 [무대]에서 **배경 고르기(****)**를 클릭하고 Blue Sky를 선택한다.

03 [스프라이트]에서 **스프라이트 고르기(****)**를 클릭하고 Avery Walking, Bear-walking, Parrot를 추가한다.

04 [스프라이트]에서 스프라이트의 크기를 모두 40으로 변경한다.

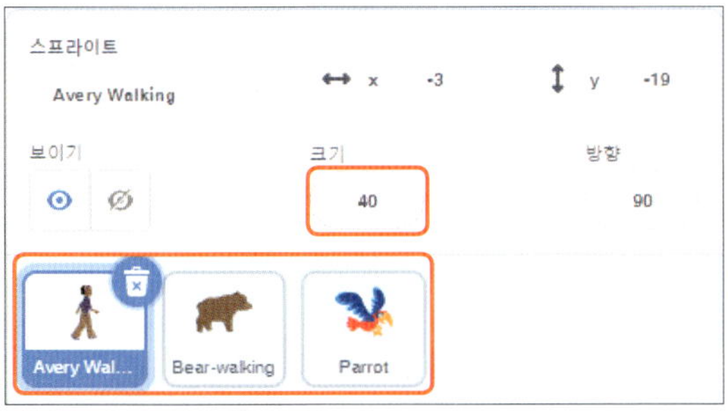

05 게임의 종료를 알리기 위해 [스프라이트]에서 **스프라이트 고르기( )**에 포함된 **그리기( )**를 클릭한다.

06 **텍스트(T)**를 클릭하고 채우기 색을 **검정**으로 변경한 후 그림판에 "GAME OVER"를 입력한다. 텍스트의 글꼴을 변경하기 위해 옵션에서 폰트를 Marker로 변경한다.

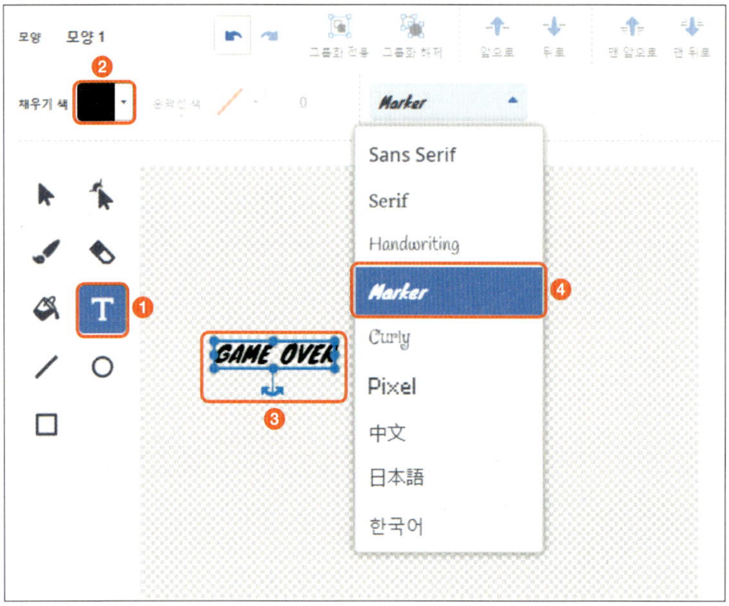

07 **선택( )**을 클릭한 후 텍스트의 크기를 조절하고 위치는 무대 중심점 바로 위에 텍스트가 표시되도록 이동한다.

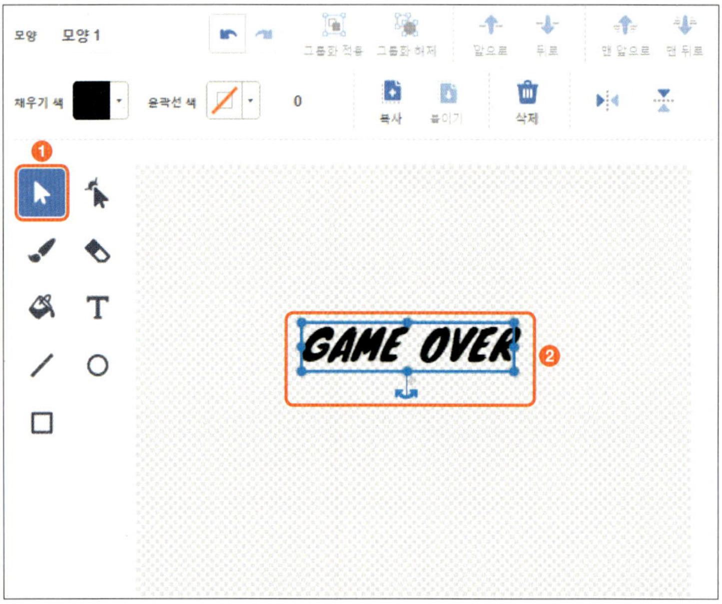

알고가기

글자 크기는 글자 사각형의 꼭짓점을 드래그하여 조절한다.

2 장애물 피하기 프로그램

01 게임이 종료되었을 때 점수를 나타내는 변수가 필요하므로 변수 – 변수 만들기를 이용하여 점수 변수를 선언하고 무대에서 보이도록 한다.

02 [스프라이트]에서 Avery Walking을 선택하여 처음 위치를 정하고 변수를 초기화한다.

❶ 이벤트 – 🏴 클릭했을 때
❷ 동작 – x:{–200} y:{–130}(으)로 이동하기
❸ 변수 – [점수▼]을(를) {0}로 정하기

03 게임이 진행되면 'Avery Walking' 스프라이트가 계속 걸어가고 점수가 더해지도록 한다.

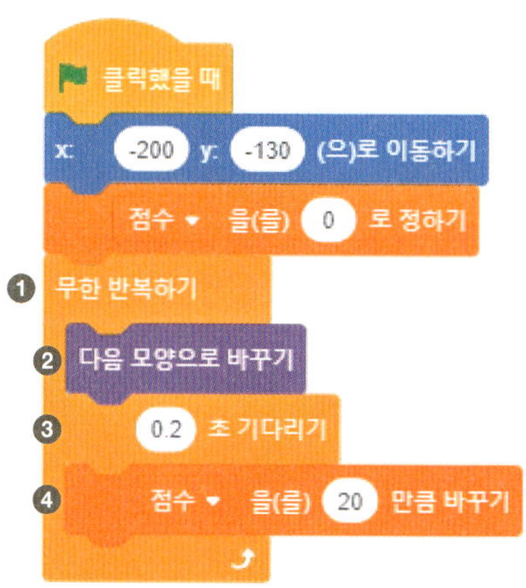

❶ 제어 – 무한 반복하기
❷ 형태 – 다음 모양으로 바꾸기
❸ 제어 – {0.2}초 기다리기
❹ 변수 – [점수▼]을(를) {20}만큼 바꾸기

게임이 끝나는 조건은 'Avery Walking' 스프라이트가 곰이나 앵무새에 닿았을 때이다. 이와 같이 조건이 2개 이상일 경우 **연산**에서 〈조건〉 그리고 〈조건〉이나 〈조건〉 또는 〈조건〉 블록을 이용한다. 조건 중 하나 이상이 참일 경우 전체가 참이 되도록 할 때에는 **또는(or)**, 조건이 모두 참일 경우에만 참이 되도록 할 때에는 **그리고(and)**를 이용한다.

04 곰이나 앵무새에 닿으면 게임이 종료되므로 연산 – 〈조건〉 또는 〈조건〉 블록을 이용한다. 게임이 끝나면 GAME OVER를 표시하도록 신호(게임종료)를 보내고 획득한 점수를 말한 후 프로그램을 종료한다.

❶ 제어 – 만약 〈 ❷ 〉(이)라면
- ❷ 연산 – 〈 ❸ 〉 또는 〈 ❹ 〉
  - ❸ 감지 – [Bear-walking▼]에 닿았는가?
  - ❹ 감지 – [Parrot▼]에 닿았는가?
- ❺ 이벤트 – [게임종료▼] 신호 보내기
- ❻ 형태 – { ❼ }을(를) {3}초 동안 말하기
  - ❼ 연산 – {점수 : }와(과) { ❽ } 결합하기
    - ❽ 변수 – 점수
- ❾ 제어 – 멈추기 [모두▼]

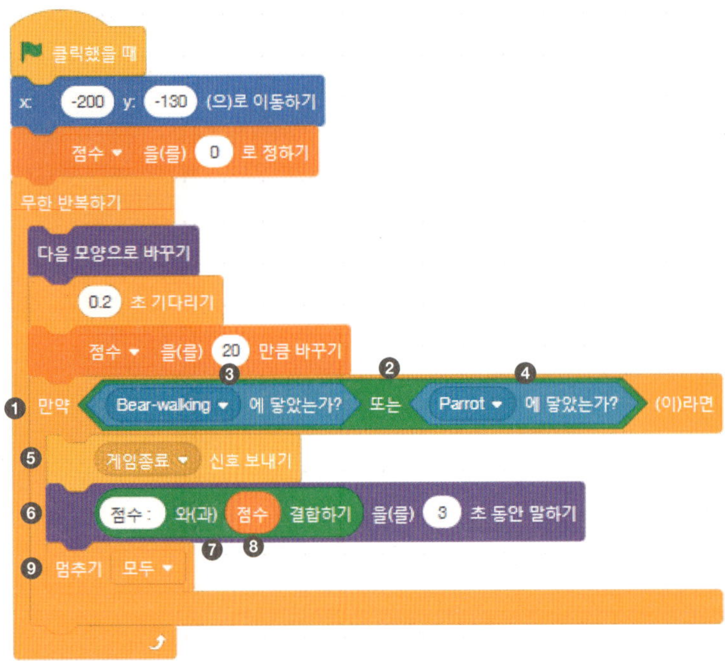

05 곰과 앵무새를 피하기 위해 스페이스 바를 누르면 점프하는 블록을 작성한다.

❶ 이벤트 – [스페이스▼] 키를 눌렀을 때
❷ 동작 – {0.5}초 동안 x:{−150} y:{80}(으)로 이동하기 // 위로 올라감
❸ 동작 – {0.5}초 동안 x:{−100} y:{−130}(으)로 이동하기 // 아래로 내려옴
❹ 동작 – {1}초 동안 x:{−200} y:{−130}(으)로 이동하기 // 원래 위치로 이동함

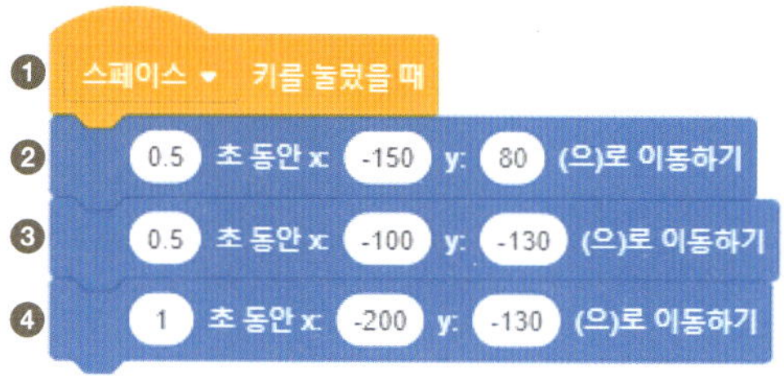

3 장애물 프로그램

01 [스프라이트]에서 곰(Bear−walking)을 선택하고 게임이 시작할 때는 무대에서 안보이게 처리하며, 처음 위치와 이동 방향을 설정하고 보이도록 처리한다.

❶ 이벤트 – 🏁 클릭했을 때
❷ 형태 – 숨기기 // 초기에 모양을 안보이게 함
❸ 동작 – 회전 방식을 [왼쪽–오른쪽▼](으)로 정하기
❹ 동작 – x:{205} y:{−135}(으)로 이동하기
❺ 동작 – {−90}도 방향보기
❻ 형태 – 보이기

02 '곰' 스프라이트가 무대에서 계속 걸어가도록 블록을 작성한다.

❶ 제어 – 무한 반복하기
❷ 동작 – {10}만큼 움직이기
❸ 형태 – 다음 모양으로 바꾸기 // 곰이 걸어가는 모양
❹ 제어 – {0.1}초 기다리기 // 곰의 움직이는 속도 조정

03 '곰' 스프라이트가 무대 왼쪽 끝에 도달하면 사라지고 일정 시간 후 무대 오른쪽에서 다시 나타나도록 블록을 작성한다.

❶ 제어 – 만약 〈 ❷ 〉(이)라면
❷ 감지 – [벽▼]에 닿았는가?
❸ 형태 – 숨기기
❹ 동작 – x:{205} y:{–135}(으)로 이동하기
❺ 제어 – { ❻ }초 기다리기
❻ 연산 – {1}부터 {5} 사이의 난수
❼ 형태 – 보이기

04 '앵무새' 스프라이트는 '곰' 스프라이트와 프로그램이 거의 같으므로 복사하여 이용할 수 있다. **곰**의 블록을 [스프라이트]에 있는 **앵무새**(Parrot)로 드래그하여 스프라이트가 흔들리면 드롭하여 복사한다.

05 '앵무새' 스프라이트의 위치와 지연 시간 관련 블록을 수정한다.

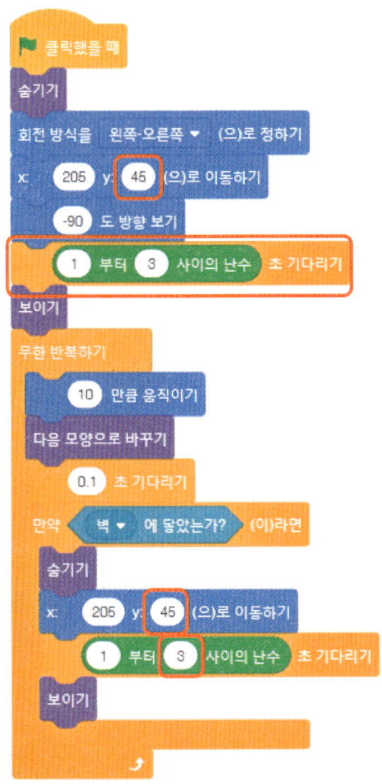

4 종료 표시 프로그램

01 [스프라이트]에서 'GAME OVER'가 입력되어 있는 **스프라이트 1**을 선택하고 게임이 시작되면 무대에서 보이지 않도록 한다.

> ❶ 이벤트 클릭했을 때
> ❷ 형태 – 숨기기 // 초기에 숨김

02 'Avery Walking' 스프라이트에서 신호(게임종료)를 받으면, 즉 곰이나 앵무새에 닿으면 무대에서 'GAME OVER'가 보이도록 한다.

> ❶ 이벤트 – [게임종료▼] 신호를 받았을 때
> ❷ 형태 – 보이기 // 신호를 받으면 표시

03 모든 스크립트가 완성되었으므로 **녹색 깃발( )**을 클릭하여 프로그램을 실행해 보자.

9.2 색깔 바꾸기와 그래픽 효과

스크래치에서 사용되는 색에 대해 알아보자. 색은 형태 – [색깔▼] 효과를 {0}(으)로 정하기 블록을 이용한다. 스크래치에서는 색의 숫자를 이용하여 다양하게 처리할 수 있다.

1 색깔 바꾸기

01 [파일]–[새로 만들기]를 선택하여 초기화하고 [스프라이트]에서 "냥이" 스프라이트를 삭제한다.

02 [스프라이트]에서 스프라이트 고르기( )를 클릭하고 저장소에서 Button3을 선택한다. [모양] 탭에서 Button3–b를 선택하고 크기를 50으로 변경한다.

알고가기 [모양] 탭에서 button3–a의 휴지통을 클릭하여 삭제할 수 있다.

03 button3 스프라이트의 위치를 정하기 위해 2개(x,y)의 변수를 선언하고 무대에서 보이지 않도록 한다.

04 프로그램을 시작했을 때 변수를 초기화하고 Button3 스프라이트의 색을 0으로 정한다.

❶ 이벤트 – 클릭했을 때
❷ 변수 – [x▼]을(를) {–215}로 정하기
❸ 변수 – {y▼}을(를) {100}로 정하기
❹ 형태 – [색깔▼] 효과를 {0}(으)로 정하기

05 Button3 스프라이트를 20번 복제하여 위치와 색을 변경한다.

❶ 제어 – {20}번 반복하기
❷ 동작 – x:{변수 – x} y:{변수 – y}(으)로 이동하기
❸ 제어 – [나 자신▼] 복제하기
❹ 형태 – [색깔▼] 효과를 {10}만큼 바꾸기
❺ 변수 – [x▼](을)를 {48}만큼 바꾸기
❻ 제어 – 만약 ⟨ ❼ ⟩(이)라면 // 무대 오른쪽 벽에 닿으면
❼ 감지 – [벽▼]에 닿았는가?
❽ 변수 – [x▼]을(를) {–215}로 정하기 // 무대 왼쪽으로 이동
❾ 변수 – [y▼]을(를) {–50}만큼 바꾸기 // 다음 줄로 이동

06 녹색 깃발(🏴)을 클릭하여 색깔의 변화를 확인해 보자.

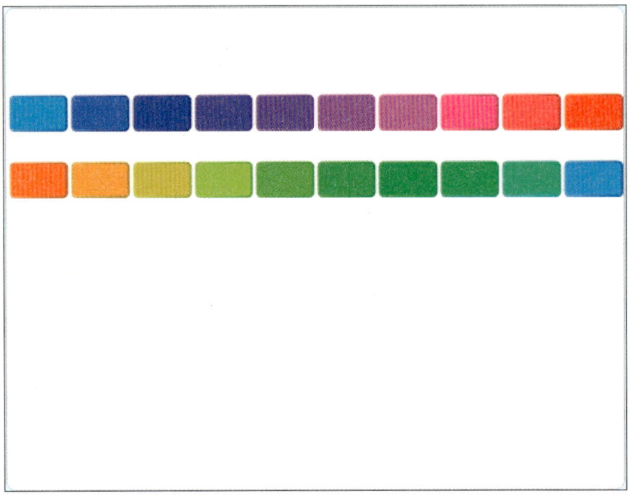

07 스크래치에서 색을 나타내는 숫자는 상대적인 값이다. 현재 스프라이트의 색은 0이고 10씩 바꾸면서 20번을 복제했으므로 200이 되면 다시 본래의 색이 된다. 프로그램에서 색의 변화를 세분화하여 확인해보기 위해 40번을 복제하고 색깔 효과를 5로 수정한다.

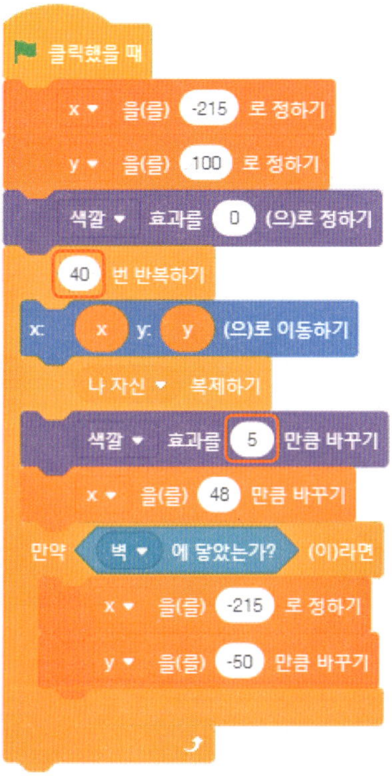

08 녹색 깃발(🏴)을 클릭하여 좀 더 세분화된 색깔의 변화를 확인해 보자.

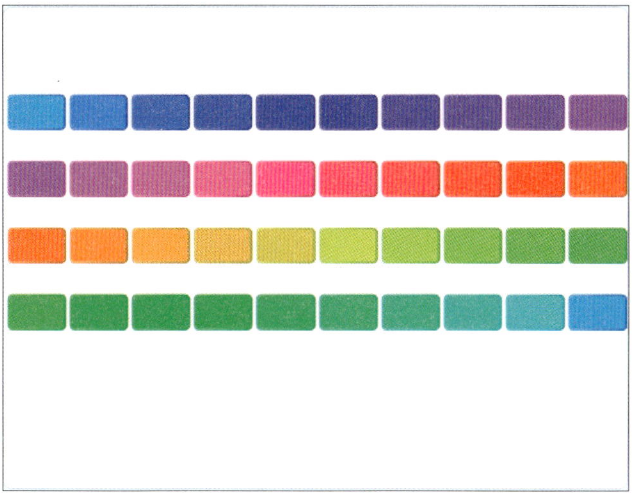

2 그래픽 효과

01 [파일]–[새로 만들기]를 선택하여 초기화하고 [스프라이트]에서 "냥이' 스프라이트의 크기를 200으로 변경한다.

02 형태 – [색깔▼] 효과를 (25)만큼 바꾸기 블록의 드롭다운리스트(▼)를 이용하면 6가지의 그래픽 효과를 적용할 수 있다.

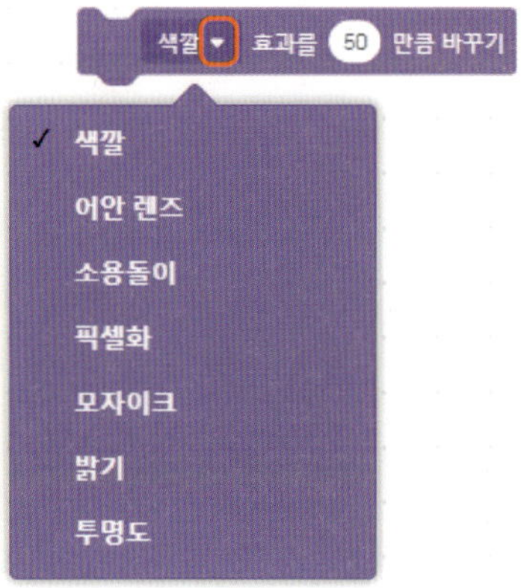

03 6가지의 그래픽 효과를 변경하고 블록을 클릭하여 결과를 확인해 보자. 효과 적용 이전 상태로 돌아가기 위해 형태 – 그래픽 효과 지우기 블록을 별도로 이용한다.

픽셀화 ▾ 효과를 20 만큼 바꾸기

모자이크 ▾ 효과를 30 만큼 바꾸기

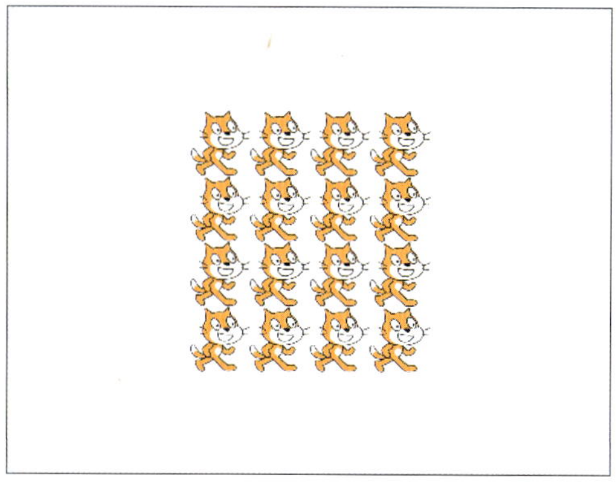

밝기 ▾ 효과를 20 만큼 바꾸기

투명도 ▾ 효과를 50 만큼 바꾸기

Chapter 09 연습문제

■ **다양한 동물들에 각기 다른 움직임을 주고 이를 피하는 사람의 움직임에 변화를 주는 장애물 피하기 프로그램을 작성하시오.**

처리 조건

- 공룡(Dragon)과 코끼리(Elephant) 스프라이트를 추가한다.
- 동물의 크기를 조정하고 사람(Avery Walk)으로 방향을 향하도록 조정한다.
- 동물의 시작 위치를 다양하게 난수를 이용하여 처리한다.
- 사람 스프라이트의 점프 높이를 키보드의 여러 키를 이용하여 다양하게 처리한다.
- 사람 스프라이트는 점프하며 동물을 피할 수 있도록 한다

10
CHAPTER

영어로 대화하기/ 영어 회화 공부하기

Scratch Programming

학습목표

- 확장 기능 추가하기
- 텍스트 음성 변환(TTS) 기능 이해하기
- 번역 기능 이해하기

10.1 영어로 대화하기

3장에서 배운 대화하기 프로그램을 응용하여 추가 기능인 번역과 텍스트 음성 변환 기능(TTS)을 이용한다. 한글로 문장을 입력하면 영어로 말하고 음성으로 처리하는 프로그램이다.

1 무대 만들기

01 이번 프로그램은 냥이가 필요 없으므로 [스프라이트]에서 "냥이" 스프라이트 오른쪽 상단의 휴지통을 클릭하여 무대에서 삭제한다.

02 무대의 배경을 변경하기 위해 [무대]에서 **배경 고르기(** **)**를 클릭하고 **Chalkboad**를 선택한다.

03 영희와 철수가 대화하기 위해 [스프라이트]에서 **스프라이트 고르기(** **)**를 클릭하여 **Abby**와 **Dee**를 추가하고 두 스프라이트의 위치를 조절한다.

04 [스프라이트]에서 Abby는 '영희'로, Dee는 '철수'로 각각 이름을 변경한다. [스프라이트]에서 **철수**를 선택하고 [모양] 탭에서 **좌우 뒤집기(** **)**를 클릭하여 영희를 향하도록 방향을 변경한다.

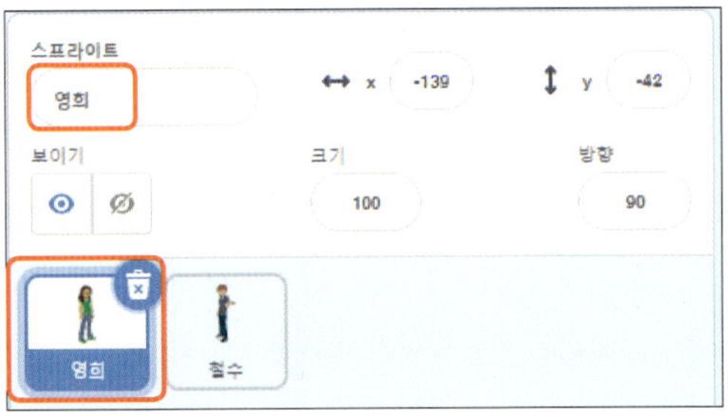

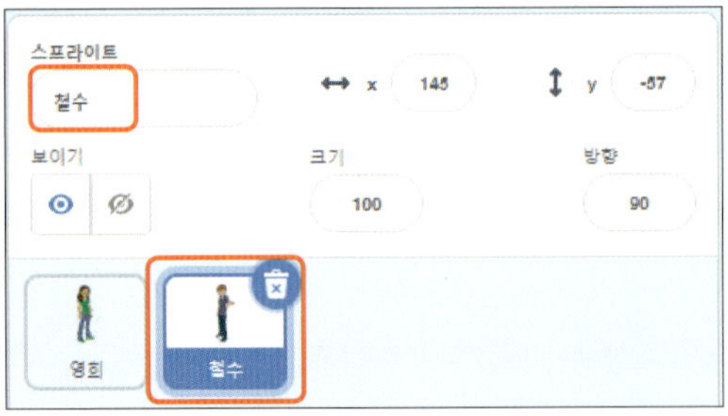

05 화면 왼쪽 하단의 **확장 기능 추가하기( )** 버튼을 클릭하고 **텍스트 음성 변환(TTS)**을 선택한다.

06 **확장 기능 추가하기( )** 버튼을 클릭하여 **번역**을 추가한다.

07 텍스트 음성 변환(TTS)과 번역에 추가된 블록을 확인한다.

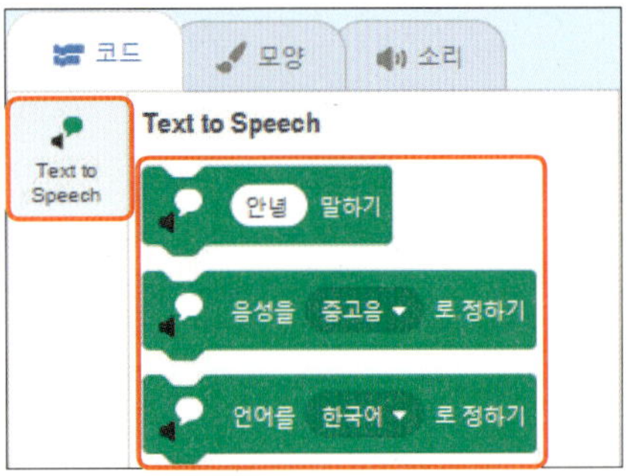

2 영어 대화 프로그램 만들기

01 [스프라이트]에서 **영희**를 선택하고 언어와 음성 블록을 작성한 후 대화를 처리하기 위한 신호(영희)를 보낸다.

> ❶ 이벤트 – 🏁 클릭했을 때
> ❷ TTS – 언어를 [영어▼]로 정하기 // 언어를 영어로 정함
> ❸ TTS – 음성을 [중고음▼]로 정하기 // 여자 음성으로 말하기
> ❹ 이벤트 – [영희▼] 신호 보내기

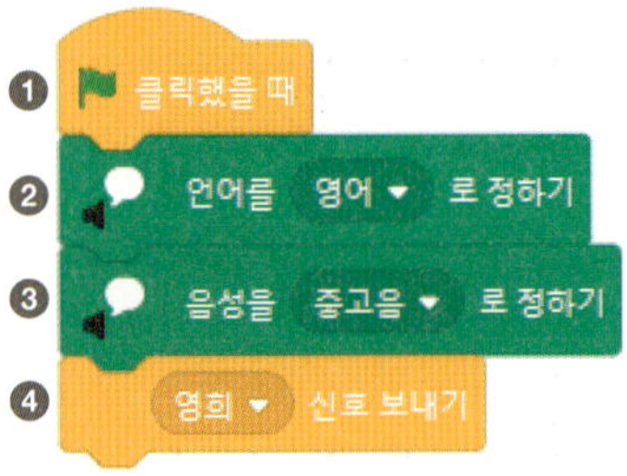

02 신호(영희)를 받아 묻고 기다리기 블록을 이용하여 사용자의 입력을 기본 변수인 **대답**에 저장한다. 저장된 대답을 영어로 번역하여 말한 후 철수 스프라이트에 신호(철수)를 보내도록 블록을 작성한다.

> ❶ 이벤트 – [영희▼] 신호를 받았을 때
> ❷ 감지 – { }라고 묻고 기다리기 // 문장을 지우고 입력 대기
> ❸ 형태 – { ❹ } 말하기 // 말풍선
>   ❹ 번역 – { ❺ }을(를) [영어▼]로 번역하기
>   ❺ 감지 – 대답
> ❻ TTS – { ❼ } 말하기 // 음성
>   ❼ 번역 – { ❽ }을(를) [영어▼]로 번역하기
>   ❽ 감지 – 대답
> ❾ 이벤트 – [철수▼] 신호 보내기 // 철수에게 신호 보내기

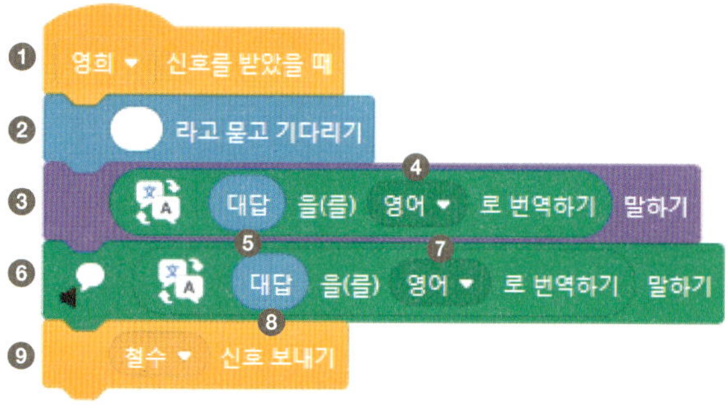

03 조건을 이용하여 "끝"이라고 입력하면 대화를 종료하도록 블록을 수정한다.

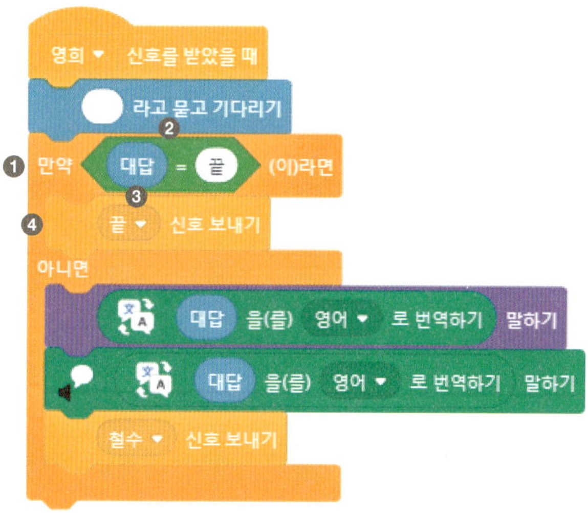

❶ 제어 – 만약 〈 ❷ 〉(이)라면
❷ 연산 – { ❸ } = {끝}
❸ 감지 – 대답
❹ 이벤트 – [끝▼] 신호 보내기
아니면

04 신호(끝)를 받았을 때 헤어지는 인사로 마무리하는 블록을 작성한다.

❶ 이벤트 – [끝▼] 신호를 받았을 때
❷ 형태 – { ❸ } 말하기 // 말풍선
❸ 번역 – {다시 만나자}을(를) [영어▼]로 번역하기
❹ TTS – { ❺ } 말하기 // 음성
❺ 번역 – {다시 만나자}을(를) [영어▼]로 번역하기
❻ 제어 – 멈추기 [모두▼]

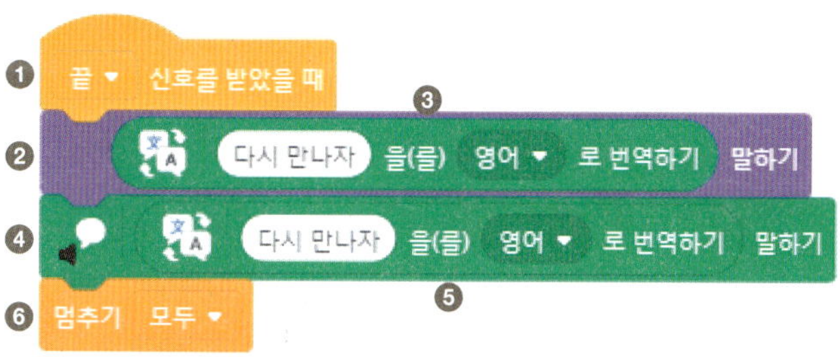

05 '철수' 스프라이트는 '영희' 스프라이트와 프로그램이 거의 같으므로 복사하여 이용할 수 있다. **영희**의 모든 블록을 [스프라이트]에 있는 **철수**로 하나씩 드래그하여 스프라이트가 흔들리면 드롭하여 복사한다.

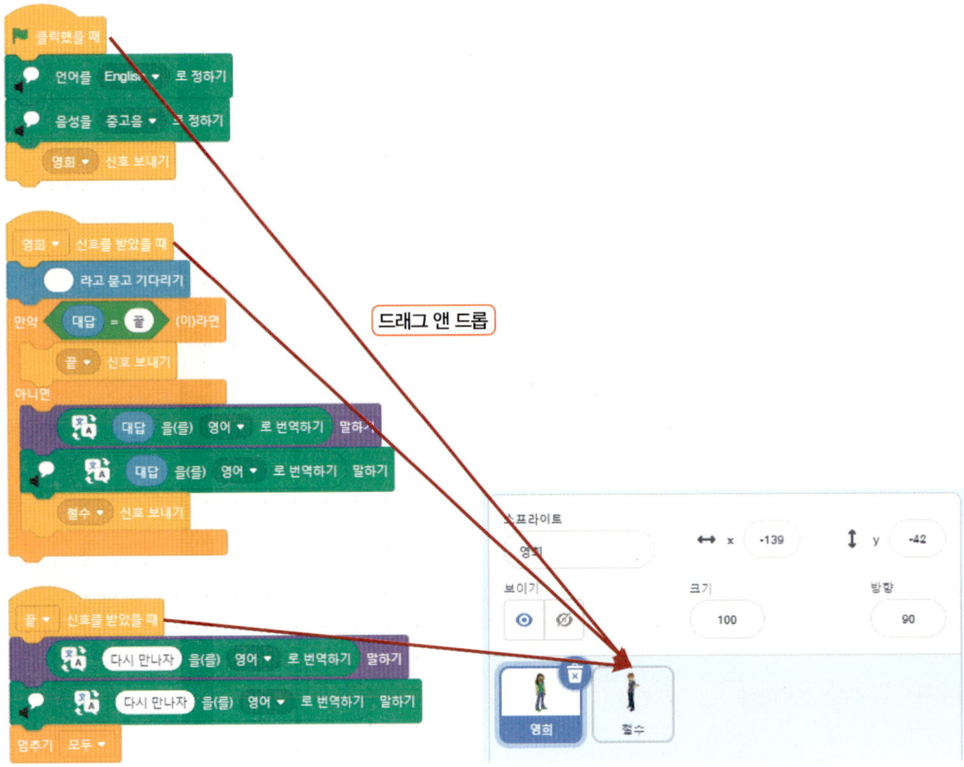

06 '철수' 스프라이트에 붙여넣은 블록을 수정한다. '영희' 스프라이트에서 시작할 때 사용할 언어를 정했고 마지막에 모두 멈추는 블록을 이미 이용하였으므로 관련 블록은 필요없다.

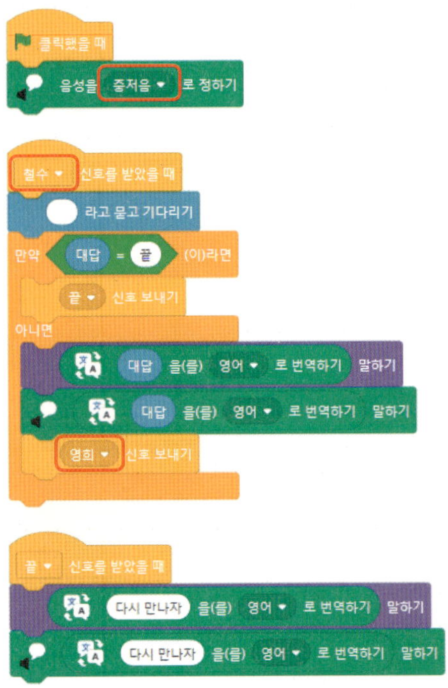

07 모든 스크립트가 완성되었으므로 **녹색 깃발(🏴)**을 이용하여 프로그램을 실행해 보자.

10.2 영어 회화 공부하기

영어로 대화하기 프로그램을 응용하여 한글 질문을 영어로 답하는 프로그램을 작성해 보자.

1 무대 만들기

01 [파일]–[새로 만들기]를 선택하여 초기화하고 [스프라이트]에서 "냥이" 스프라이트를 삭제한다. 무대의 배경을 변경하기 위해 [무대]에서 **배경 고르기( )**를 클릭하고 Chalkboad를 선택한다.

02 선생님과 학생의 대화가 이루어지기 위해 [스프라이트]에서 **스프라이트 고르기( )**를 클릭하여 Abby와 Jaime를 추가하고 두 스프라이트의 위치를 조절한다.

03 [스프라이트]에서 Abby는 선생님, Jaime는 학생으로 이름을 변경한다.

04 [스프라이트]에서 **선생님**을 선택하고 [모양] 탭에서 **좌우 뒤집기( )**를 클릭하여 학생을 향하도록 방향을 변경한다. **학생**의 모양은 [모양] 탭에서 jaime–b로 변경한다.

2 영어 회화 프로그램 만들기

01 [스프라이트]에서 **학생**을 선택하고 음성과 무한 반복하기 블록을 작성한다.

❶ 이벤트 – 🏁 클릭했을 때
❷ TTS – 음성을 [중저음▼]로 정하기
❸ 제어 – 무한 반복하기

02 학생이 알고 싶은 영어 문장을 한글로 입력하면 기본 변수인 **대답**에 저장된다. "끝"이 입력되면 종료하고 아니면 선생님에서 신호(선생님)를 보내도록 블록을 작성한다.

❶ 감지 – ( ) 묻고 기다리기
❷ 제어 – 만약 〈 ❸ 〉(이)라면
  ❸ 연산 – { ❹ } = {끝}
    ❹ 감지 – 대답
  ❺ 제어 – 멈추기 [모두▼]
아니면
  ❻ 형태 – { ❼ }을(를) {2}초 동안 말하기
    ❼ 감지 – 대답
  ❽ 이벤트 – [선생님▼] 신호 보내기 // 선생님에게 신호 보내기
❾ 제어 – {2}초 기다리기 // 선생님이 말하는 동안 기다리기

03 [스프라이트]에서 **선생님**을 선택하고 언어와 음성 블록을 작성한다.

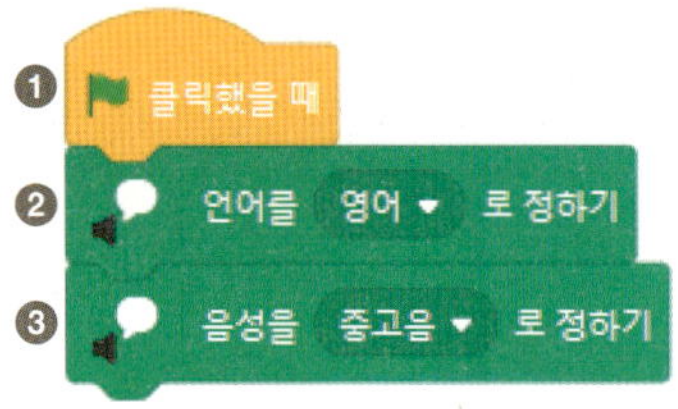

❶ 이벤트 – 🏴 클릭했을 때
❷ TTS – 언어를 [영어▼]로 정하기 // 언어를 영어로 정함
❸ TTS – 음성을 [중고음▼]로 정하기 // 여자 음성으로 말하기

04 학생이 보낸 신호(선생님)를 받으면 기본 변수 **대답**에 저장된 질문을 영어로 번역하여 말하도록 처리하는 블록을 작성한다.

❶ 이벤트 – [선생님▼] 신호를 받았을 때
❷ 형태 – { ❸ } 말하기 // 말풍선
  ❸ 번역 – { ❹ }을(를) [영어▼]로 번역하기
    ❹ 감지 – 대답
❺ TTS – { ❻ } 말하기 // 음성
  ❻ 번역 – { ❼ }을(를) [영어▼]로 번역하기
    ❼ 감지 – 대답

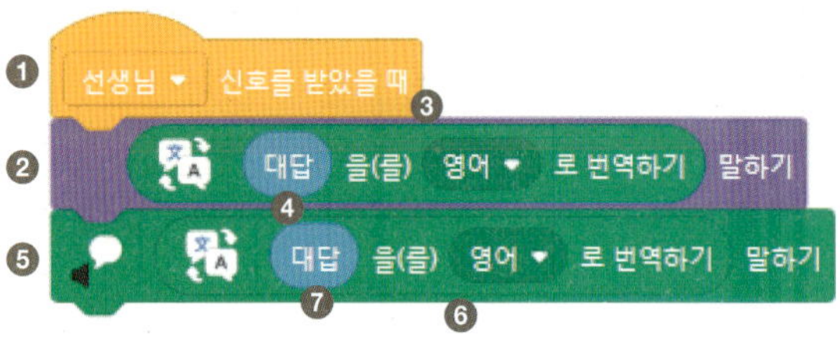

05 모든 스크립트가 완성되었으므로 **녹색 깃발(🏴)**을 이용하여 프로그램을 실행해 보자.

Chapter 10 연습문제

■ **영어와 일어 회화를 함께 공부하는 프로그램을 작성하시오.**

처리 조건

- 무대 배경은 'School'로 한다.
- 학생(Dee), 영어 선생님(Abby), 일어 선생님(Ruby) 스프라이트를 무대에 배치한다.
- 학생의 질문은 한글로 입력하여 말하도록 한다.
- 영어 선생님과 일어 선생님은 학생의 질문을 2초 후에 각각 영어와 일어로 번역하여 2초 동안 말하고 음성으로 말한다.
- '끝'을 입력하면 학생은 '감사합니다.'를 말한다.
- '끝'이 입력되면 영어와 일어 선생님은 '다시 만나자'를 영어와 일어로 번역하여 말하고 음성으로 말한 후 프로그램을 종료한다.

11 CHAPTER 숫자 업다운 게임

Scratch Programming

학습목표

- 다중 조건 활용하기
- 텍스트 음성 변환(TTS) 기능 활용하기
- 예외 처리 프로그램 만들기

컴퓨터가 알고 있는 1부터 99 사이의 값을 맞추는 게임이다. 사용자는 숫자를 입력하고 컴퓨터가 기억하고 있는 값과 비교하여 위인지 아래인지를 알려주면서 게임을 진행한다. 과연 우리는 몇 번만에 컴퓨터가 알고 있는 숫자를 맞출 수 있을까?

11.1 숫자 업다운 게임 무대 만들기

01 [무대]에서 **배경 고르기( )**를 클릭하고 **Tree**를 선택하여 무대 배경을 변경한다.

02 냥이 스프라이트는 [모양] 탭에서 **좌우 뒤집기( )**를 클릭하여 무대 왼쪽 방향을 바라보도록 전환하고 오른쪽으로 이동한다.

03 [스프라이트]에서 **스프라이트 업로드하기( )**를 클릭하여 입력한 값과 컴퓨터가 기억하고 있는 값을 비교해서 표시할 엄지 모양의 그림 파일을 업로드한 후 위치를 조절한다.

알고가기

엄지그림 파일을 미리 준비한다.

04 [스프라이트]에서 엄지를 선택하고 [모양] 탭에서 이름을 **위**로 변경한 후 마우스 오른쪽 버튼을 클릭하여 [복사]를 선택한다. 복사된 모양의 이름을 **아래**로 변경한 후 **상하 뒤집기( )**를 클릭한다.

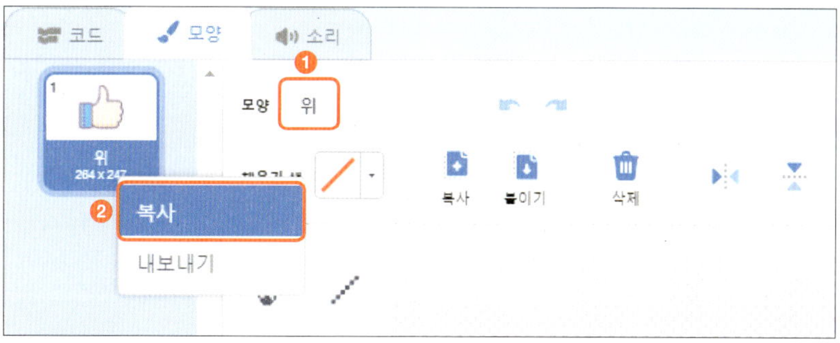

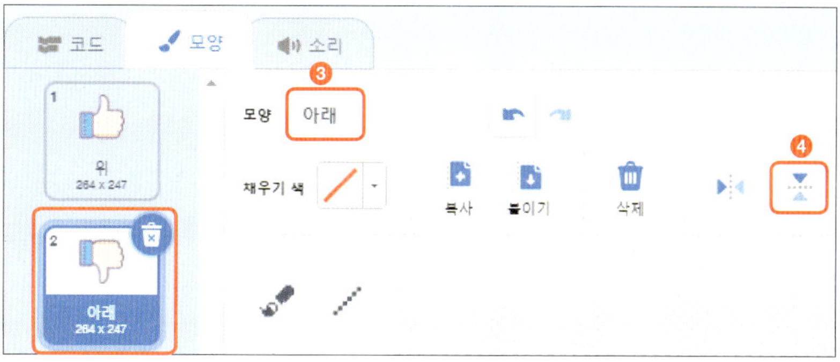

11.2 숫자 업다운 게임 프로그램 만들기

이번 프로그램을 처리하기 위한 변수로 컴퓨터가 기억하고 있는 값을 저장할 "컴퓨터", 사용자가 몇 번만에 값을 맞추었는지를 나타낼 "횟수" 변수가 필요하다.

01 변수 – 변수 만들기를 이용하여 2개의 변수를 선언하고 무대에서 보이도록 한다. 최종 결과에서는 "컴퓨터"의 값이 무대에 표시되지 않아야 하지만 테스트에서는 보이게 한다.

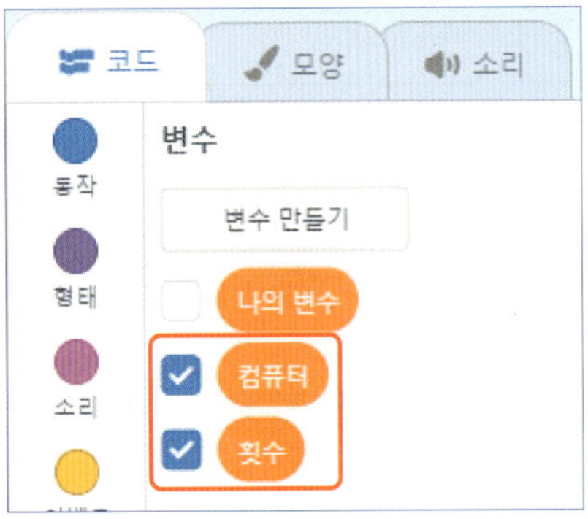

02 확장 기능 추가하기( ) 버튼을 클릭하여 **텍스트 음성 변환(TTS)**과 **음악**을 추가한다.

03 "횟수" 변수를 초기화하고 "컴퓨터" 변수의 값은 난수를 이용하여 구한 후 사용자 숫자를 입력받는 블록을 작성한다.

❶ 이벤트 – 🏴 클릭했을 때
❷ 변수 – [횟수▼]을(를) {1}로 정하기
❸ 변수 – [컴퓨터▼]을(를) { ❹ }로 정하기
 ❹ 연산 – {1}부터 {99} 사이의 난수
❺ TTS – {숫자를 입력하세요.} 말하기
❻ 감지 – {숫자를 입력하세요.}라고 묻고 기다리기

04 "컴퓨터" 변수의 값과 사용자가 입력한 값을 비교하여 다르면 위와 아래를 처리하도록 신호(위 또는 아래)를 보내고 "횟수" 변수 값을 증가시킨다. 비교한 값이 같을 때에 프로그램을 종료하기 위한 신호(정답)를 보내는 블록을 작성한다.

❶ 제어 – 〈 연산 – {감지 – 대답} = {변수 – 컴퓨터} 〉까지 반복하기
　　❷ 제어 – 만약 〈 연산 – {감지 – 대답} 〈 {변수 – 컴퓨터} 〉(이)라면
　　　　❸ 이벤트 – [위▼] 신호 보내기
　　아니면
　　　　❹ 이벤트 – [아래▼] 신호 보내기
　　❺ 제어 – {2}초 기다리기 // 위, 아래를 처리하는 시간
　　❻ TTS – {숫자를 입력하세요.} 말하기
　　❼ 감지 – {숫자를 입력하세요.}라고 묻고 기다리기
　　❽ 변수 – [횟수▼]을(를) {1}만큼 바꾸기
❾ 이벤트 – [정답▼] 신호 보내기

프로그램의 알고리즘은 다양하므로 같은 문제를 해결하기 위한 알고리즘이 하나일 수 없다. 예를 들어, 우리가 서울에서 부산까지 가고자 할 때 여러 가지 방법을 생각하고 그 중에서 가장 적합한 방법

을 선택하듯이, 문제를 해결하기 위해 여러 가지 알고리즘을 가지고 있으며 가장 적합한 알고리즘을 선택하게 된다. 위의 프로그램에서 TTS – {숫자를 입력하세요.} 말하기와 감지 – {숫자를 입력하세요.}라고 묻고 기다리기를 반복하여 이용한다. 왜 이런 알고리즘을 선택하였을지 한번 쯤 생각하고 이해하기 바란다.

05 컴퓨터가 기억하고 있는 값을 맞추었을 경우에는 **신호**(정답)을 받아 처리하고 실로폰 소리를 재생한 후 프로그램을 종료하는 블록을 작성한다.

❶ 이벤트 – [정답▼] 신호를 받았을 때
❷ TTS – {정답입니다.} 말하기
❸ 형태 – {정답입니다.}을(를) {2}초 동안 말하기
❹ 음악 – 악기를 [(16)비브라폰▼](으)로 정하기
❺ 음악 – {48}번 음을 {0.25}박자로 연주하기
❻ 음악 – {52}번 음을 {0.25}박자로 연주하기
❼ 음악 – {55}번 음을 {0.25}박자로 연주하기
❽ 음악 – {60}번 음을 {0.25}박자로 연주하기
❾ 제어 – 멈추기 [모두▼]

06 [스프라이트]에서 **엄지**를 선택하고 프로그램을 시작할 때의 모양을 정하는 블록을 작성한다.

❶ 이벤트 – 🏁 클릭했을 때
❷ 형태 – [위▼](으)로 바꾸기

07 **위** 신호를 받았을 때와 **아래** 신호를 받았을 때 모양을 변경하고 처리하는 블록을 각각 작성한다.

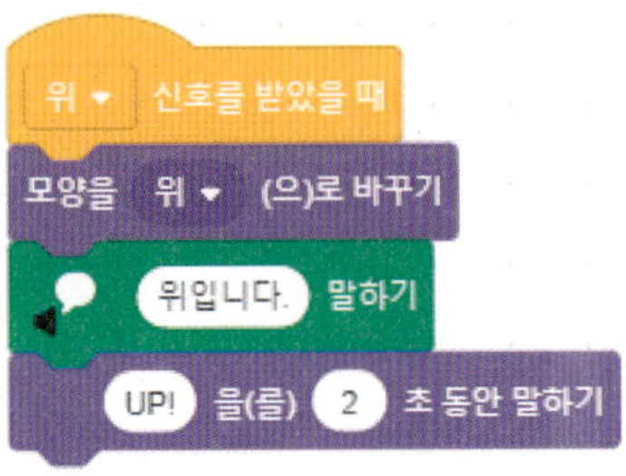

❶ 이벤트 – [위▼] 신호를 받았을 때
❷ 형태 – 모양을 [위▼](으)로 바꾸기
❸ TTS – {위입니다.} 말하기
❹ 형태 – {UP!}을(를) {2}초 동안 말하기

❶ 이벤트 – [아래▼] 신호를 받았을 때
❷ 형태 – 모양을 [아래▼](으)로 바꾸기
❸ TTS – {아래입니다.} 말하기
❹ 형태 – {DOWN!}을(를) {2}초 동안 말하기

08 녹색 깃발(🏴)을 이용하여 프로그램을 실행해 보자. 테스트 후에는 "컴퓨터" 변수가 무대에 표시되지 않도록 처리하고 "횟수"의 위치를 변경한 후 게임을 진행해 보자.

11.3 예외 처리하기

프로그램에 대해 좀 더 생각해 보자. 만약 사용자의 입력 값이 1부터 99 사이의 값이 아니라면 어떻게 처리될까? 컴퓨터가 기억하고 있는 값보다 크거나 작은 값으로 처리되겠지만 입력 값이 범위에서 벗어나면 게임에서 정한 규칙에 어긋난다. 이러한 문제를 처리하기 위해서 범위를 벗어나는 값이 입력되면 컴퓨터 값과 비교하기 전에 숫자를 다시 입력하도록 유도해야 한다. 이를 위해 기존의 작성했던 프로그램을 수정하여 몇 개의 작은 부분으로 나누어 처리한다.

01 첫 번째 블록은 입력 값을 범위와 분리하여 비교하기 위해 신호(입력)를 보내도록 블록을 작성한다.

❶ 이벤트 – 🏴 클릭했을 때
❷ 변수 – [횟수▼]을(를) {1}로 정하기
❸ 변수 – [컴퓨터▼]을(를) { ❹ }로 정하기
　　❹ 연산 – {1}부터 {99} 사이의 난수
❺ 이벤트 – [입력▼] 신호 보내기

02 사용자가 입력한 값이 범위(1~ 99)에 포함되는 값이면 정상 처리하기 위한 신호(처리)를 보내고 그렇지 않다면 다시 입력하도록 신호(입력)를 보낸다.

❶ 이벤트 – [입력▼] 신호를 받았을 때
❷ TTS – {숫자를 입력하세요.} 말하기
❸ 감지 – {숫자를 입력하세요.}라고 묻고 기다리기
❹ 제어 – 만약 〈 연산 – 〈 ❺ 〉 그리고 〈 ❻ 〉 〉(이)라면
　　❺ 연산 – {감지 – 대답} 〉 {0}
　　❻ 연산 – {감지 – 대답} 〈 {100}
　　❼ 이벤트 – [처리▼] 신호 보내기
　　아니면
　　❽ TTS – {1부터 99사이의 값을 입력하세요.} 말하기
　　❾ 형태 – {1부터 99사이의 값을 입력하세요.}을(를) {2}초 동안 말하기
　　❿ 이벤트 – [입력▼] 신호 보내기

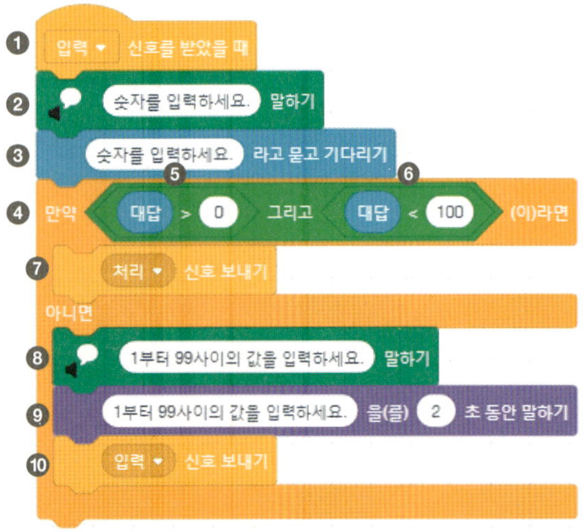

03 정상 범위의 값이 입력된 경우에는 컴퓨터의 값과 비교하여 처리하는 블록을 작성한다. 이때 정답, 위, 아래 신호를 받았을 때의 처리는 앞에서 작성한 프로그램과 동일하다.

❶ 이벤트 – [처리▼] 신호를 받았을 때
  ❷ 제어 – 만약 〈 연산 – {감지 – 대답} = {변수 – 컴퓨터} 〉(이)라면
    ❸ 이벤트 – [정답▼] 신호 보내기
  아니면
    ❹ 제어 – 만약 〈 연산 – {감지 – 대답} 〈 {변수 – 컴퓨터} 〉(이)라면
      ❺ 이벤트 – [위▼] 신호 보내기
    아니면
      ❻ 이벤트 – [아래▼] 신호 보내기
  ❼ 제어 – {2}초 기다리기
  ❽ 변수 – [횟수▼]을(를) {1}만큼 바꾸기
  ❾ 이벤트 – [입력▼] 신호 보내기 // 다음 숫자 입력

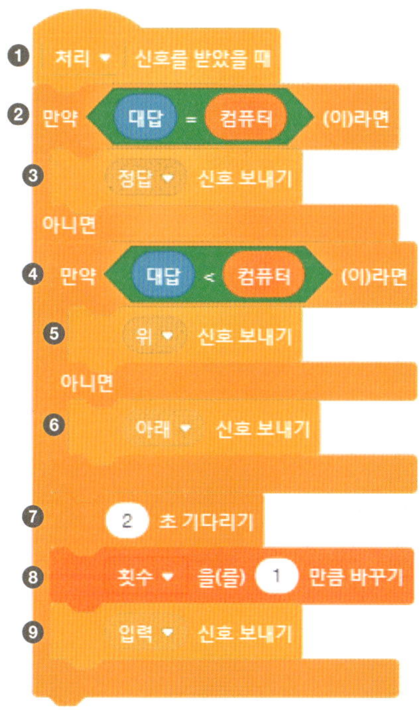

04 예외 처리에 대한 스크립트가 완성되었으므로 **녹색 깃발( )**을 이용하여 프로그램을 실행해 보자.

이번 프로그램은 1~99 이외의 값이 입력되었을 때의 처리를 추가하였으며 입력 값에 대한 오류를 처리하는 방법의 하나를 살펴 본 것이다. 프로그램은 항상 정해진 대로 움직이지 않으므로 오류를 포함한 예외처리를 고려해야 한다. 프로그램을 좀 더 완벽하게 만들기 위해서는 많은 생각을 해야 하지만 문제를 한 번에 해결하려고 하면 더 복잡해 질 것이다. 보통의 프로그래머들은 이러한 문제를 해결하기 위해 프로그램을 여러 부분으로 나누어 처리한다. 이번 문제의 경우 프로그램을 4부분으로 나누어 다음과 같이 생각하면 어떨까?

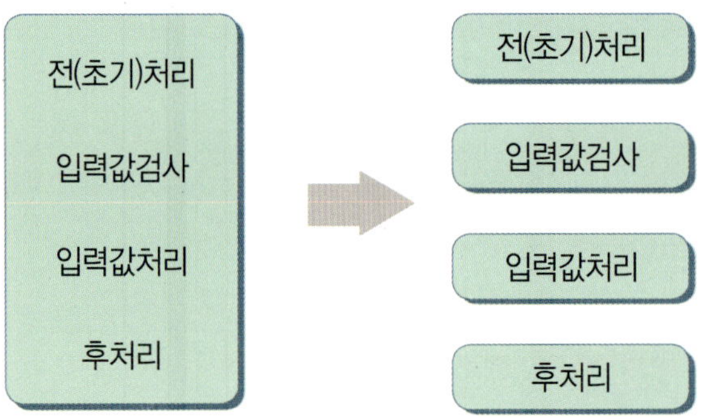

프로그램을 처음에 잘 작성하는 것도 중요하지만 이후 유지보수(수정)도 중요하다. 프로그램의 모든 기능을 한 곳에서 처리한다면 프로그램의 유지보수 측면에서 볼 때 많은 시간과 노력이 소요된다. 그러나 이를 나누어 작은 부분으로 처리하여 관리한다면 훨씬 효율적으로 해결할 수 있다. 프로그램을 나누어 처리할 경우 각 부분은 간단한 블록들만으로 해결될 수 있어 작성이 용이하다는 장점이 있으나 블록들 간의 연결이 정확해야 하는 부담도 있다. 스크래치는 여러 개의 스프라이트로 구성되며 한 스프라이트의 동작과 관련하여 여러 개의 블록들로 구성된다. 블록들은 서로 제어를 옮겨가며 실행되며 자기 자신을 호출할 수도 있다.

Chapter 11 연습문제

■ **숫자 업다운 게임에서 기회를 한정(5회)하여 프로그램을 작성하시오.**

처리 조건

기회를 한정(5회)하고, 게임을 실행한다.

컴퓨터에서 숫자(데이터)가 나열되어 있을 때, 특정 숫자를 찾는(검색) 방법에는 순차 검색과 이분 검색 방법이 있다. 순차 검색은 나열된 데이터를 처음부터 차례차례 찾아가는 방법이고, 이분 검색은 나열된 숫자에서 개수의 중간 값이 특정 숫자인지를 확인하고 아니면 왼쪽(아래) 또는 오른쪽(위)으로 이동하여 다시 중간에 있는 데이터를 특정 숫자인지를 확인하는 방법이다. 이분 검색은 컴퓨터에서 주로 사용하는 방법이다. 예를 들어 11장의 숫자 업다운 게임에서 99개의 데이터 중 중간인 50을 선택하고, 작다면 25을 선택하는 방법이다. 우리가 사전에서 특정 단어를 찾아가는 방법과 같다. 이때 숫자는 반드시 크기순으로 나열되어 있어야 한다.

12 CHAPTER

가위바위보 게임

Scratch Programming

학습목표
- 다중 조건 활용하기
- 예외처리 프로그램 응용하기

우리가 잘 알고 있는 가위바위보 게임을 만들어 보자. 가위바위보의 표현은 1(가위), 2(바위), 3(보)로 한다. 게임은 다섯 번 패하거나 1,2,3 이외의의 값이 입력되면 종료되도록 한다.

12.1 가위바위보 게임 무대 만들기

01 무대의 배경을 변경하기 위해 [무대]에서 **배경 고르기( )**를 클릭하고 **Light**을 선택한다.

02 [스프라이트]에서 **스프라이트 업로드하기(****)**를 클릭하여 **컴퓨터**와 **사용자**의 가위바위보 그림 파일을 업로드한다. 컴퓨터는 오른쪽, 사용자는 왼쪽에 위치시키고 크기를 모두 50으로 변경한다.

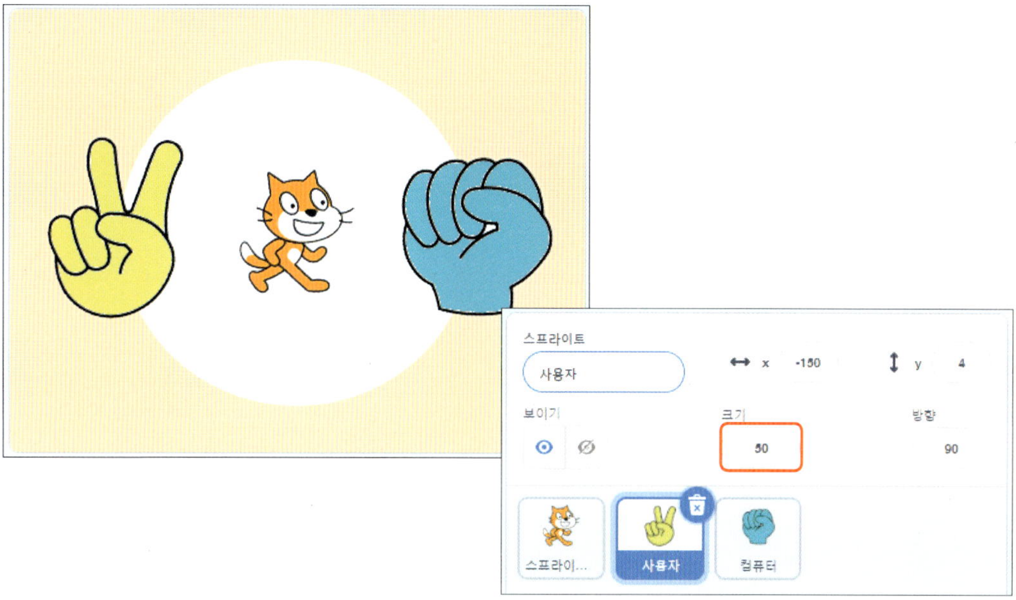

12.2 가위바위보 게임 프로그램 만들기

1 입력과 종료 프로그램

이번 프로그램은 승리, 비김, 패배를 나타낼 변수 3개와 컴퓨터의 값을 보관할 변수 1개가 필요하다.

01 변수 – 변수 만들기를 이용하여 4개의 변수를 만들고 **컴퓨터**만 무대에 보이지 않도록 한다.

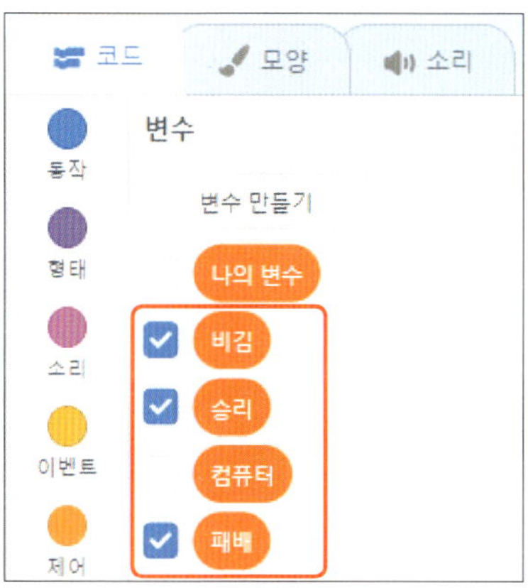

02 [스프라이트]에서 **냥이**를 선택하고 변수 초기값을 설정한 후 무한 반복하도록 블록을 작성한다.

❶ 이벤트 – 🏴 클릭했을 때
❷ 변수 – [승리▼] 을(를) {0}로 정하기
❸ 변수 – [비김▼] 을(를) {0}로 정하기
❹ 변수 – [패배▼] 을(를) {0}로 정하기
❺ 제어 – 무한 반복하기

03 컴퓨터가 기억하는 값은 가위(1), 바위(2), 보(3) 중에 하나를 난수로 구하도록 한다. 첫 번째 종료 조건인 다섯 번 패배하면 프로그램을 종료하도록 블록을 작성한다.

❶ 변수 – [컴퓨터▼]을(를) {연산 – {1}부터 {3} 사이의 난수}로 정하기
❷ 제어 – 만약 〈 연산 – {변수 – 패배} = {5} 〉(이)라면
  ❸ 형태 – {게임을 종료합니다.}을(를) {2}초 동안 말하기
  ❹ 제어 – 멈추기 [모두▼]
아니면

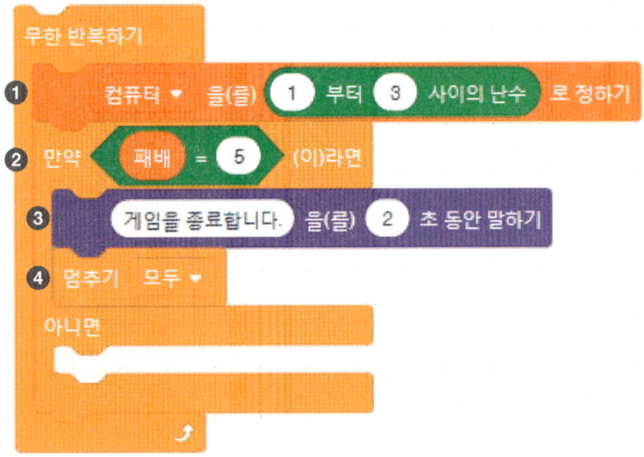

04 다섯 번 패배하지 않았다면 사용자의 값을 입력받도록 묻고 컴퓨터의 값(1, 2, 3 중 하나)에 따른 모양(가위, 바위, 보)이 정해지도록 신호(컴퓨터)를 보낸다.

❶ 감지 – {가위 : 1, 바위 : 2, 보 : 3, 종료 : 아무키나 입력하세요.}라고 묻고 기다리기
❷ 이벤트 – [컴퓨터▼] 신호 보내기 // 컴퓨터 값에 따른 손 모양

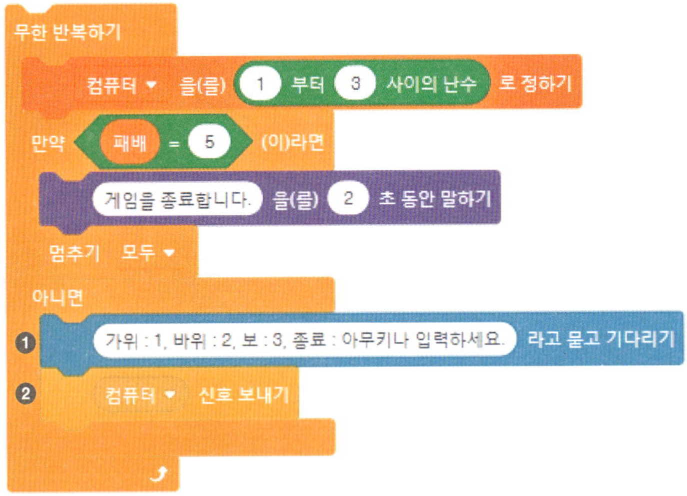

05 사용자가 입력한 값과 컴퓨터의 값을 비교하여 승, 무, 패를 판단해야 하므로 사용자가 입력한 값이 1(가위), 2(바위), 3(보)인지 비교하여 신호를 보낸다. 1,2,3 이외의 값이 입력되면 두 번째 종료 조건이므로 프로그램을 종료하도록 블록을 작성한다.

❶ 제어 – 만약 〈 연산 – {감지 – 대답} = {1} 〉(이)라면
  ❷ 이벤트 – [가위▼] 신호 보내기
아니면
  ❸ 제어 – 만약 〈 연산 – {감지 – 대답} = {2} 〉(이)라면
    ❹ 이벤트 – [바위▼] 신호 보내기
  아니면
    ❺ 제어 – 만약 〈 연산 – {감지 – 대답} = {3 }〉(이)라면
      ❻ 이벤트 – [보▼] 신호 보내기
    아니면
      ❼ 형태 – {게임을 종료합니다.}을(를) {2}초 동안 말하기
      ❽ 제어 – 멈추기 [모두▼]

2 사용자와 컴퓨터 프로그램

01 [스프라이트]에서 **사용자**를 선택하고 사용자가 1(가위)을 입력했을 때 신호를 받아 모양을 가위로 변경한 후 컴퓨터의 값이 2(바위)였을 때와 비교하는 패배 처리 블록을 작성한다.

❶ 이벤트 – [가위▼] 신호를 받았을 때
❷ 형태 – 모양을 [가위▼](으)로 바꾸기
❸ 제어 – 만약 〈 연산 – {변수 – 컴퓨터} = {2} 〉(이)라면 // 사용자 가위, 컴퓨터 바위
　　❹ 변수 – [패배▼]을(를) {1}만큼 바꾸기
　　❺ 형태 – {졌습니다.}을(를) {2}초 동안 말하기
아니면

02 계속해서 컴퓨터의 값이 3(보)이라면 승리로 처리하고 패배나 승리가 아니라면 2(가위)이므로 비김으로 처리하는 블록을 작성한다.

> ❶ 제어 – 만약 〈 연산 – {변수 – 컴퓨터} = {3} 〉(이)라면 // 사용자 가위, 컴퓨터 보
> ❷ 변수 – [승리▼]을(를) {1}만큼 바꾸기
> ❸ 형태 – {이겼습니다.}을(를) {2}초 동안 말하기
> 아니면 // 사용자 가위, 컴퓨터 가위
> ❹ 변수 – [비김▼]을(를) {1}만큼 바꾸기
> ❺ 형태 – {비겼습니다.}을(를) {2}초 동안 말하기

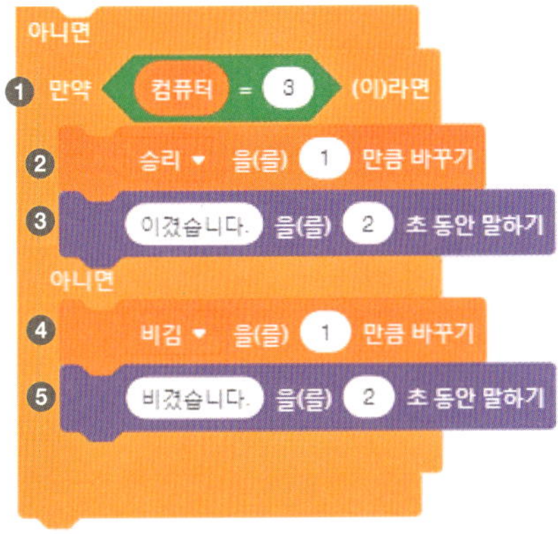

03 가위 블록을 복사하여 바위(2) 신호를 받았을 때의 블록으로 수정한다.

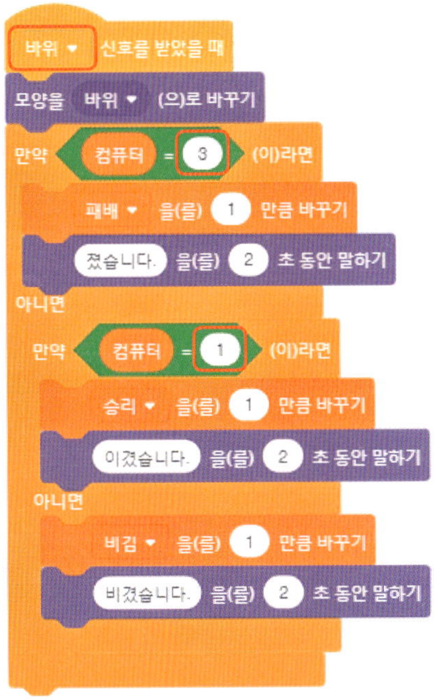

04 가위 블록을 복사하여 보(3) 신호를 받았을 때의 블록으로 수정한다.

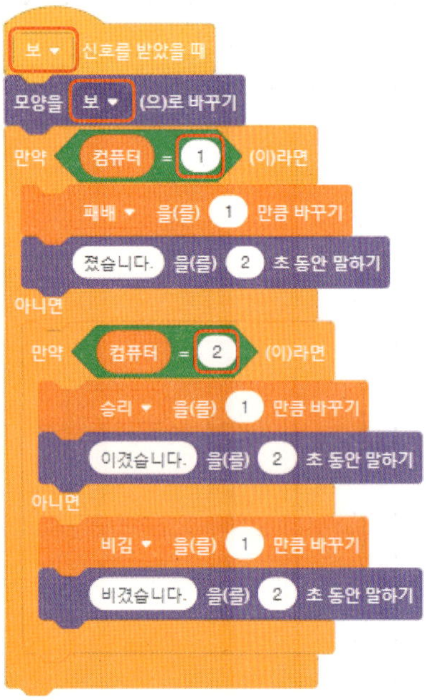

05 [스프라이트]에서 **컴퓨터**를 선택하고 컴퓨터 신호를 받았을 때 모양을 변경하는 블록을 작성한다.

❶ 이벤트 – [컴퓨터▼] 신호를 받았을 때
❷ 제어 – 만약 〈 연산 – {변수 – 컴퓨터} = {1} 〉(이)라면
　　❸ 형태 – 모양을 [가위▼](으)로 바꾸기
아니면
　　❹ 제어 – 만약 〈 연산 – {변수 – 컴퓨터} = {2} 〉(이)라면
　　　　❺ 형태 – 모양을 [바위▼](으)로 바꾸기
　　아니면
　　　　❻ 형태 – 모양을 [보▼](으)로 바꾸기

06 모든 스크립트가 완성되었으므로 **녹색 깃발(🏴)**을 클릭하여 프로그램을 실행해 보자.

Chapter 12 연습문제

■ **가위바위보 게임을 확장하여 묵찌빠 프로그램을 작성하시오.**

처리 조건

- 가위바위보 게임에서 이긴 쪽은 공격권을 취득한다.
- 양쪽이 같으면 공격 측이 승리한다.
- 기회는 5회로 하고 3회 이상 이긴 측이 게임에서 승리한다.

13

CHAPTER

벽돌 격파 게임

Scratch Programming

학습목표

- 복제하기 기능 익히기
- 색 효과 익히기
- 방향 이해하기

막대기로 벽돌 격파 게임을 만들어 보자. 기회는 3번으로 하고 벽돌을 완벽하게 처리하면 게임이 종료되는 것으로 한다.

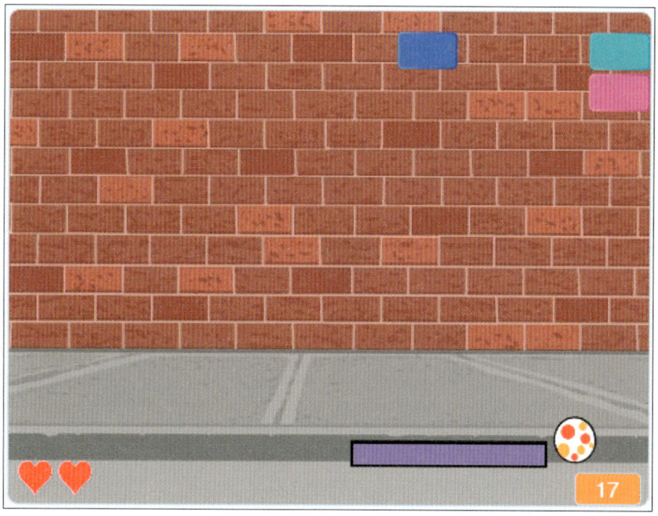

13.1 벽돌 격파 게임 무대 만들기

01 이번 프로그램은 냥이가 필요 없으므로 [스프라이트]에서 "냥이" 스프라이트 오른쪽 상단의 휴지통을 클릭하여 무대에서 삭제한다.

02 무대의 배경을 변경하기 위해 [무대]에서 **배경 고르기( )**를 클릭하고 **Wall 1**을 선택한다.

03 [스프라이트]에서 **스프라이트 고르기( )**를 클릭하고 저장소에서 **Button3**을 선택한다. 이름을 '벽돌'로 변경하고 [모양] 탭에서 **button3-b**를 선택한다.

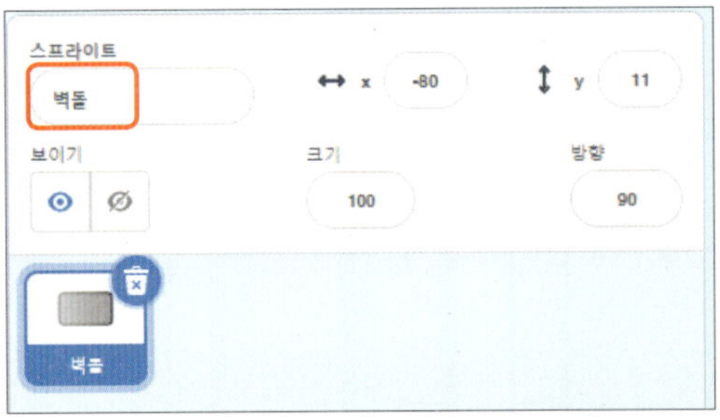

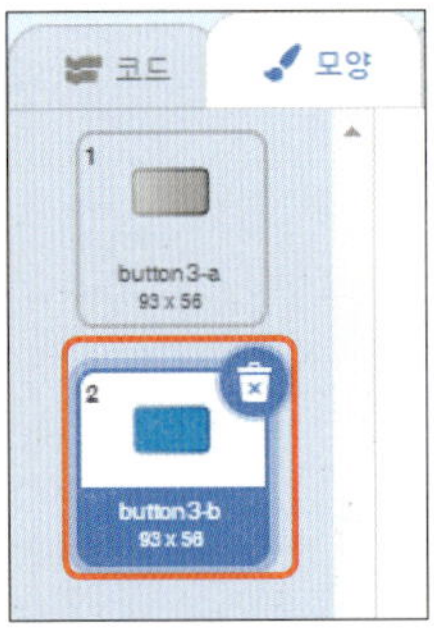

04 [스프라이트]에서 **스프라이트 고르기( )**를 클릭하고 저장소에서 **Beachball**과 **Heart**를 추가하고 크기를 **50**과 **20**으로 각각 변경한다.

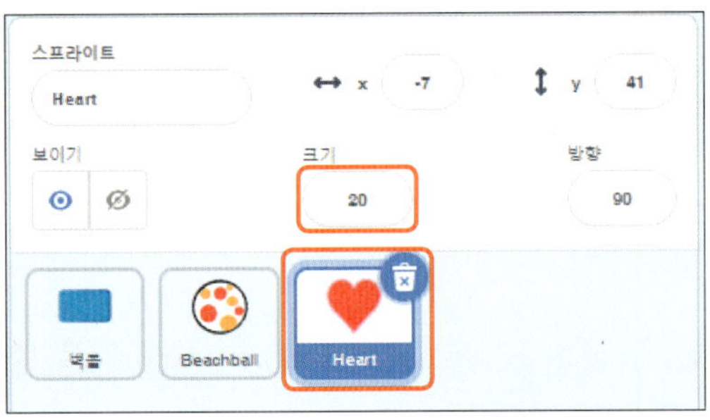

05 [스프라이트]에서 Heart 스프라이트의 이름을 Heart1로 수정하고 두 번 복사한다.

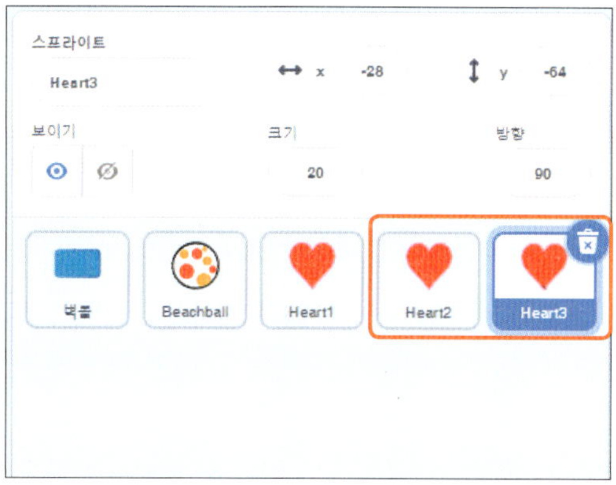

06 [스프라이트]에서 **스프라이트 고르기(** **)**에 포함된 **그리기(** **)**를 클릭한다. 게임을 진행하기 위한 스프라이트를 만들고 이름을 **막대기**로 수정한다. 스프라이트가 너무 크면 게임이 쉽고 반대로 너무 작으면 어려워지므로 무대를 보면서 적당한 크기로 조절한다.

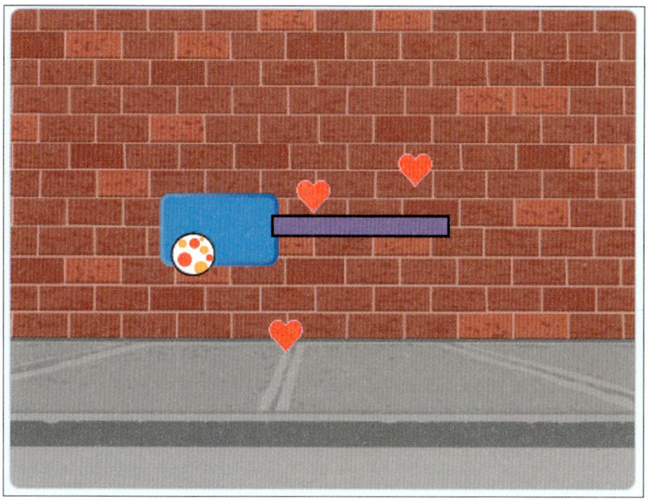

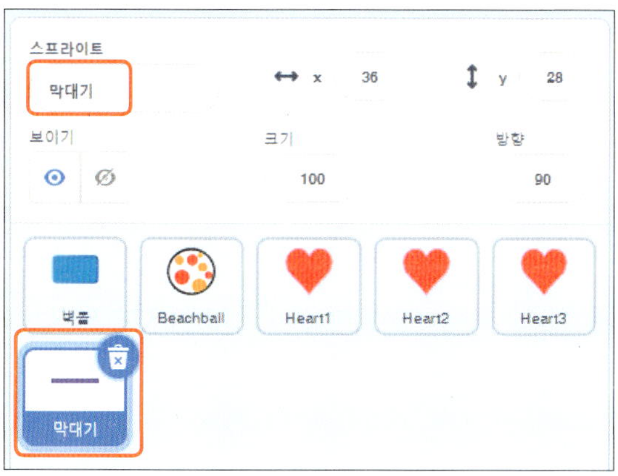

07 [스프라이트]에서 **스프라이트 고르기(**)에 포함된 **그리기(**)를 클릭한다. **텍스트(T)**를 클릭하여 "스페이스 바를 누르세요."를 입력하고 무대를 보면서 크기를 조절한 후 이름을 **준비**로 변경한다.

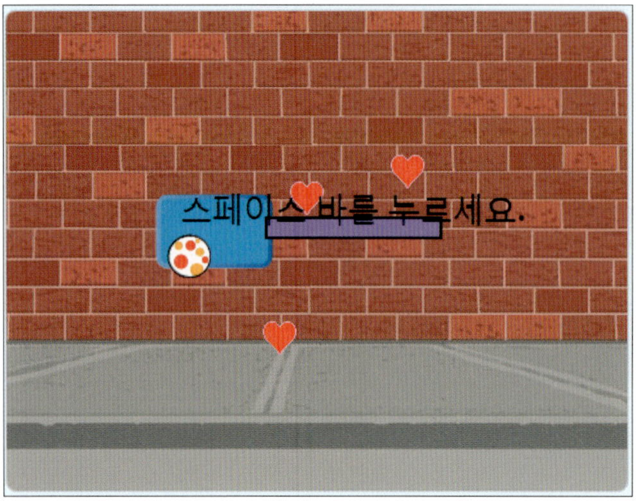

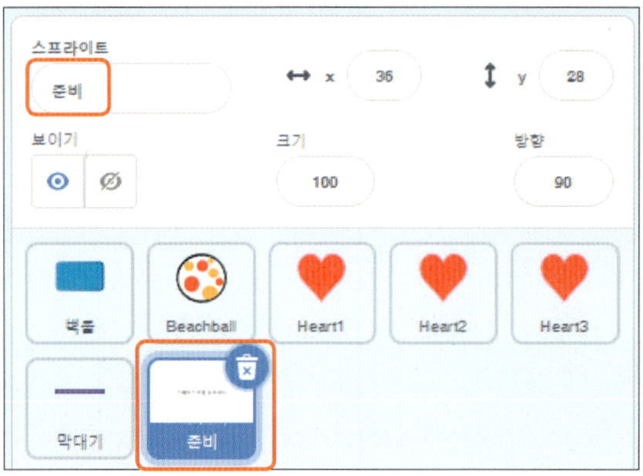

08 프로그램에서 소리를 이용하기 위해 화면 왼쪽 하단의 **확장 기능 추가하기(**) 버튼을 클릭하고 **음악**을 선택한다.

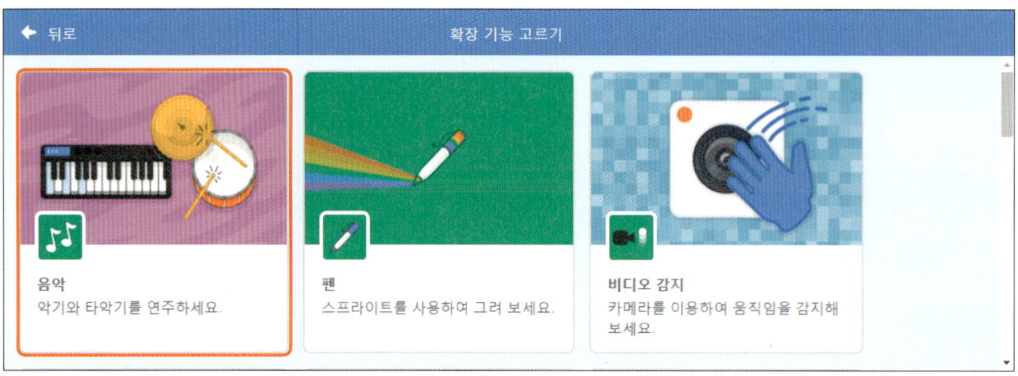

13.2 벽돌 격파 게임 프로그램 만들기

1 벽돌/준비/막대기 스프라이트 프로그램

이번 프로그램은 게임 횟수를 정하는 기회, 벽돌 격파 개수를 나타내는 점수, 스프라이트의 위치에 대한 좌표 값으로 활용할 x와 y 변수가 필요하다.

01 변수 – 변수 만들기를 이용하여 4개의 변수를 만들고 **점수**만 무대에 보이도록 한다. 점수 변수는 무대 오른쪽 하단으로 이동하고 마우스 오른쪽 버튼을 클릭하여 **변수값 크게 보기**를 선택하여 변수 이름은 보이지 않고 점수만 나타나도록 한다.

알고가기 [슬라이더 사용하기]와 다른 점을 확인해본다.

02 [스프라이트]에서 **벽돌**을 선택하고 크기와 변수 초기값을 설정한다. 벽돌은 20개가 나타나도록 반복하고 **준비** 스프라이트에 신호(스페이스바)를 보내는 블록을 작성한다.

❶ 이벤트 – 🏴 클릭했을 때
❷ 형태 – 크기를 {50}%로 정하기
❸ 변수 – [기회▼]을(를) {3}로 정하기
❹ 변수 – [점수▼]을(를) {0}로 정하기
❺ 변수 – [x▼]을(를) {–215}로 정하기
❻ 변수 – [y▼]을(를) {150}로 정하기
❼ 형태 – 보이기
❽ 제어 – {20}번 반복하기
❾ 형태 – 숨기기
❿ 이벤트 – [스페이스바▼] 신호 보내기

03 20번 반복하기 블록 내부에 다양한 색깔의 벽돌이 채워지도록 블록을 작성한다(9장 참조).

❶ 동작 – x:{변수 – x} y:{변수 – y}로 이동하기
❷ 제어 – [나 자신▼] 복제하기
❸ 형태 – [색깔▼] 효과를 { ❹ }(으)로 정하기
　　❹ 연산 – {1}부터 {200} 사이의 난수
❺ 변수 – [x▼]을(를) {48}만큼 바꾸기
❻ 제어 – 만약 〈 ❼ 〉(이)라면
　　❼ 감지 – [벽▼]에 닿았는가?
　　❽ 변수 – [x▼]를 {–215}로 정하기
　　❾ 변수 – [y▼]를 {–30}만큼 바꾸기

04 볼(Beachball)이 벽돌에 닿았을 때 "볼" 스프라이트에서 신호(격파)를 받아 닿은 벽돌을 숨기고 점수가 증가되도록 블록을 작성한다.

❶ 이벤트 – [격파▼] 신호를 받았을 때
❷ 제어 – 만약 〈 감지 – [Beachball▼]에 닿았는가? 〉(이)라면
　　❸ 형태 – 숨기기
　　❹ 변수 – [점수▼]을(를) {1}만큼 바꾸기

05 [스프라이트]에서 **준비**를 선택하고 신호(스페이스바)를 받았을 때 글자가 나타날 위치를 설정한다. 스페이스 키를 누르면 글자를 숨기고 게임 시작 신호(시작)를 보내는 블록을 작성한다.

> ❶ 이벤트 – [스페이스바▼] 신호를 받았을 때
> ❷ 동작 – x:{0} y:{20}(으)로 이동하기 // 그림에 따라 위치 조정
> ❸ 형태 – 보이기
> ❹ 제어 – 〈 감지 – [스페이스▼]키를 눌렸는가? 〉까지 기다리기
> ❺ 형태 – 숨기기
> ❻ 이벤트 – [시작▼] 신호 보내기

06 [스프라이트]에서 **막대기**를 선택하고 스페이스 바를 눌러 게임이 시작될 때까지 무대에서 보이지 않도록 블록을 작성한다.

> ❶ 이벤트 – 🏴 클릭했을 때
> ❷ 형태 – 숨기기

07 스페이스바를 누르면 준비 스프라이트로부터 신호(시작)를 받아 막대기가 무대 하단 중앙에 보이도록 하고 키보드의 화살표 키를 이용하여 이동할 수 있도록 블록을 작성한다.

> ❶ 이벤트 – [시작▼] 신호를 받았을 때
> ❷ 동작 – x:{0} y:{–140}(으)로 이동하기
> ❸ 형태 – 보이기
> ❹ 제어 – 무한 반복하기
> 　　❺ 제어 – 만약 〈 감지 – [오른쪽 화살표▼]키를 눌렸는가? 〉(이)라면
> 　　　　❻ 동작 – {8}만큼 움직이기
> 　　아니면
> 　　　　❼ 제어 – 만약 〈 감지 – [왼쪽 화살표▼]키를 눌렸는가? 〉(이)라면
> 　　　　　　❽ 동작 – {–8}만큼 움직이기

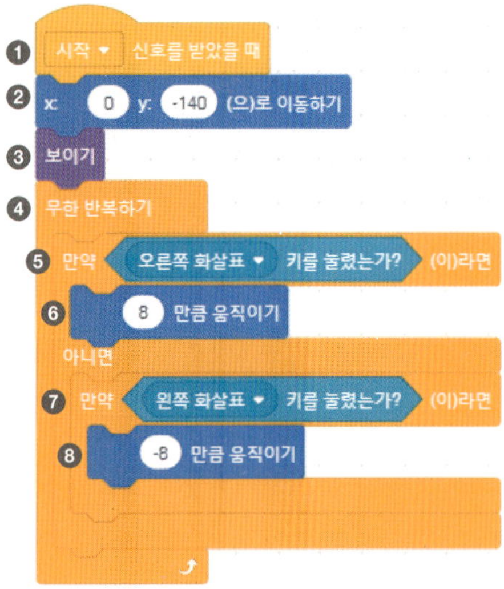

2 볼(Beachball) 스프라이트 프로그램

01 [스프라이트]에서 볼(Beachball)을 선택하고 스페이스 바를 눌러 게임이 시작될 때까지 무대에서 보이지 않도록 블록을 작성한다.

❶ 이벤트 – 🏴 클릭했을 때
❷ 형태 – 숨기기

02 준비 스프라이트로부터 신호(시작)를 받아 볼의 시작 위치를 정하여 무대에서 보이도록 하고 난수를 이용하여 임의의 방향으로 움직이도록 블록을 작성한다.

❶ 이벤트 – [시작▼] 신호를 받았을 때
❷ 동작 – x:{0} y:{70}(으)로 이동하기 // 볼의 시작 위치
❸ 형태 – 보이기
❹ 제어 – {0.5}초 기다리기
❺ 동작 – {연산 – {140}부터 {220} 사이의 난수}도 방향 보기 // 볼의 움직임 변경

03 게임을 무한 반복하면서 볼이 움직이다가 벽에 닿으면 튕기도록 하고 막대기나 벽돌에 닿았을 경우의 상황을 처리한다. 우선 볼이 막대기에 닿으면 소리를 내도록 신호(소리)를 보내고 방향을 반대(위쪽)로 변경하도록 블록을 작성한다.

> ❶ 제어 – 무한 반복하기
> ❷ 동작 – {10}만큼 움직이기 //숫자가 높을수록 볼이 빨리 움직임
> ❸ 동작 – 벽에 닿으면 튕기기 // 볼이 무대 옆의 벽에 닿았을 때
> ❹ 제어 – 만약 〈 감지 – [막대기▼]에 닿았는가? 〉(이)라면
> ❺ 이벤트 – [소리▼] 신호 보내기
> ❻ 동작 – {연산 – {180} – {동작 – 방향}}도 방향 보기 // 반대 방향

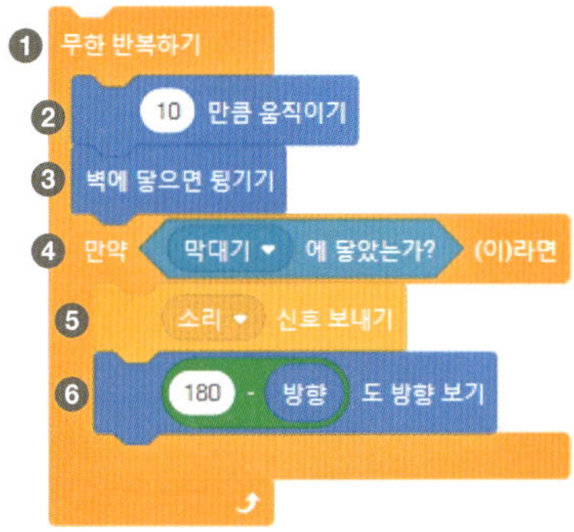

04 만약 볼이 벽돌에 닿으면 벽돌 스프라이트에 신호(격파)를 보내어 벽돌을 숨기고 점수가 증가되도록 처리한 후 방향을 반대(아래쪽)로 변경하는 블록을 작성한다.

> ❶ 제어 – 만약 〈 감지 – [벽돌▼]에 닿았는가? 〉(이)라면
> ❷ 이벤트 – [격파▼] 신호 보내기
> ❸ 동작 – {연산 – {180} – {동작 – 방향}}도 방향 보기 // 반대 방향

05 다음으로 모든 벽돌을 격파했거나 실패했을 때의 상황을 처리한다. 먼저 모든 벽돌을 격파했을 때에는 성공을 표시하고 프로그램을 종료하도록 블록을 작성한다.

> ❶ 제어 – 만약 〈 연산 – {변수 – 점수} = {20} 〉(이)라면 // 게임 성공 종료 조건
> ❷ 형태 – {성공!}을(를) {5}초 동안 말하기
> ❸ 제어 – 멈추기 [모두▼]

알고가기

현재 무대에는 20개의 벽돌이 있으므로 20개를 모두 격파하면 프로그램을 종료한다.

06 볼이 막대기 스프라이트 밑으로 내려가면 기회를 감소시키고 하트 스프라이트에 신호(하트)를 보내 무대에서 하트가 하나씩 사라지도록 처리한다.

> ❶ 제어 – 만약 〈 연산 – {동작 – y좌표} 〈 {–150} 〉(이)라면 // 게임 기회 감소 조건
> ❷ 변수 – [기회▼]을(를) {–1}만큼 바꾸기
> ❸ 이벤트 – [하트▼] 신호 보내기

07 기회가 남아 있는지를 판단하여 0이라면 게임을 종료하고 남아 있다면 스페이스 바를 눌러 게임을 계속 진행하도록 블록을 작성한다.

> ❶ 제어 – 만약 〈 연산 – {변수 – 기회} = {0} 〉(이)라면 // 게임 실패 종료 조건
>   ❷ 형태 – {실패!}을(를) {2}초 동안 말하기
>   ❸ 제어 – 멈추기 [모두▼]
> 아니면
>   ❹ 이벤트 – [스페이스바▼] 신호 보내기
>   ❺ 제어 – 멈추기 [이 스크립트▼]

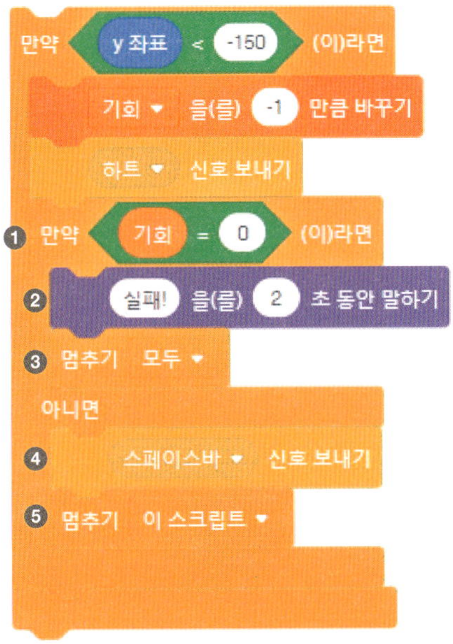

08 볼이 막대기에 닿았을 때 신호(소리)를 받아 소리가 재생되도록 블록을 작성한다.

> ❶ 이벤트 – [소리▼] 신호를 받았을 때
> ❷ 음악 – [(2)베이스 드럼▼]번 타악기를 {0.25}박자로 연주하기

3 하트(Heart1) 스프라이트 프로그램

01 [스프라이트]에서 Heart1을 선택하고 게임이 시작될 때 무대에서의 위치를 설정한 후 보이도록 블록을 작성한다.

> ❶ 이벤트 – 🏁 클릭했을 때
> ❷ 동작 – x:{–220} y:{–160}(으)로 이동하기
> ❸ 형태 – 보이기

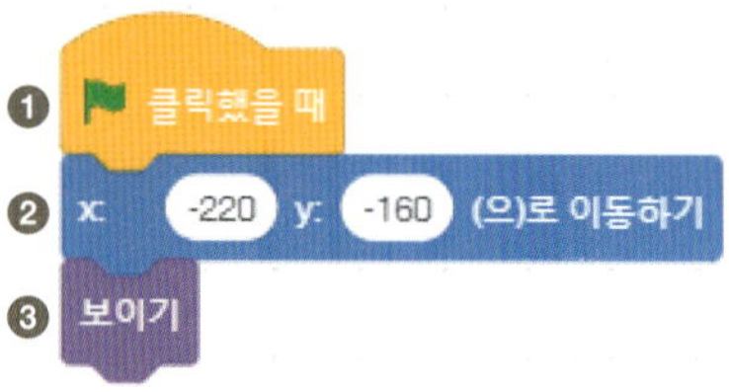

02 "볼" 스프라이트에서 신호(하트)를 받으면 순서대로 보이지 않아야 한다. 먼저 기회가 더 이상 남아 있지 않았을 때에는 무대에서 보이지 않도록 블록을 작성한다.

> ❶ 이벤트 – [하트▼] 신호를 받았을 때
> ❷ 제어 – 만약 〈 연산 – {변수 – 기회} = {0} 〉(이)라면
> ❸ 형태 – 숨기기

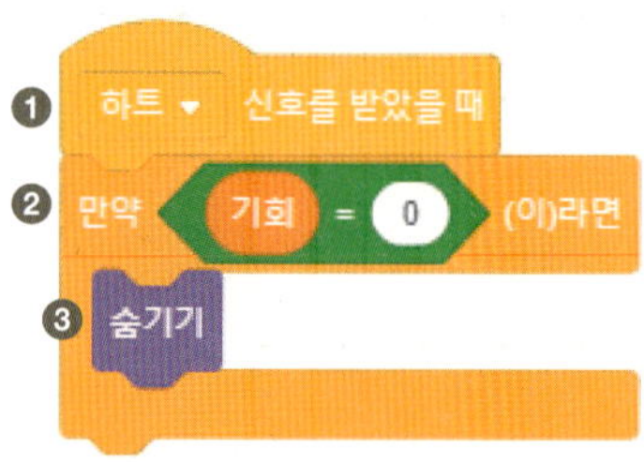

03 Heart1의 블록을 [스프라이트]에 있는 Heart2와 Heart3로 드래그 앤 드롭하여 복사한다.

04 Heart2에서 하트가 표시될 위치를 수정하고 기회가 1번 남으면 무대에서 보이지 않도록 블록을 수정한다.

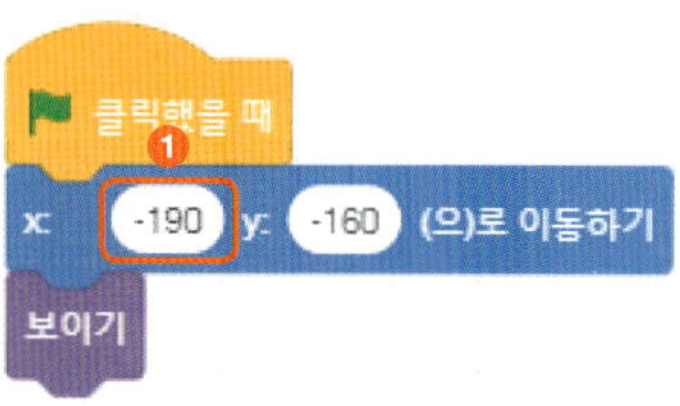

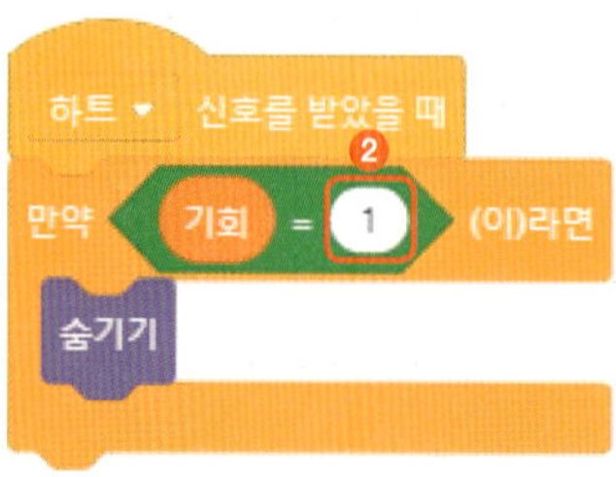

05 Heart3에서 하트가 표시될 위치를 수정하고 기회가 2번 남으면 무대에서 보이지 않도록 블록을 수정한다.

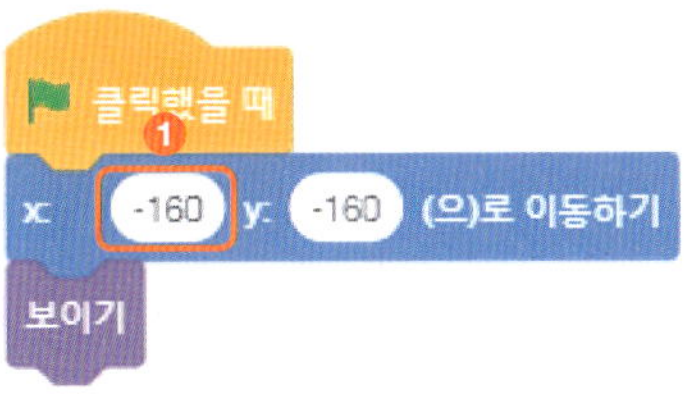

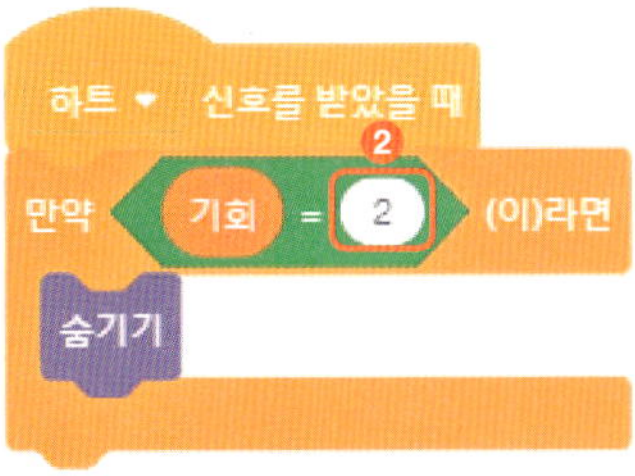

06 모든 스크립트가 완성되었으므로 **녹색 깃발**( )을 클릭하여 프로그램을 실행해 보자.

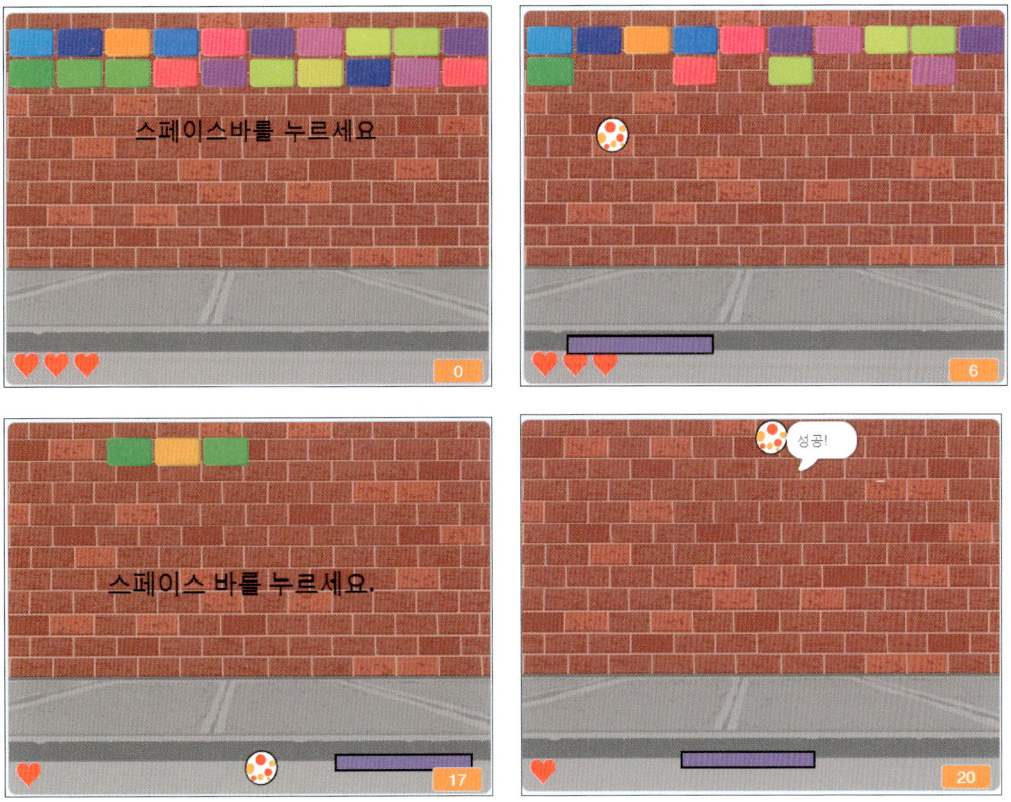

Chapter 13 연습문제

■ **벽돌 격파 게임의 스테이지 2를 만들어 진행하는 프로그램을 작성하시오.**

처리 조건

- 스테이지 2는 그림과 같이 벽돌의 개수 및 모양을 다양화 한다.
- 스테이지 1의 모든 벽돌을 격파하면 무대는 스테이지 2로 변경되며, 3초 후 게임을 진행한다.

▲ 스테이지 1

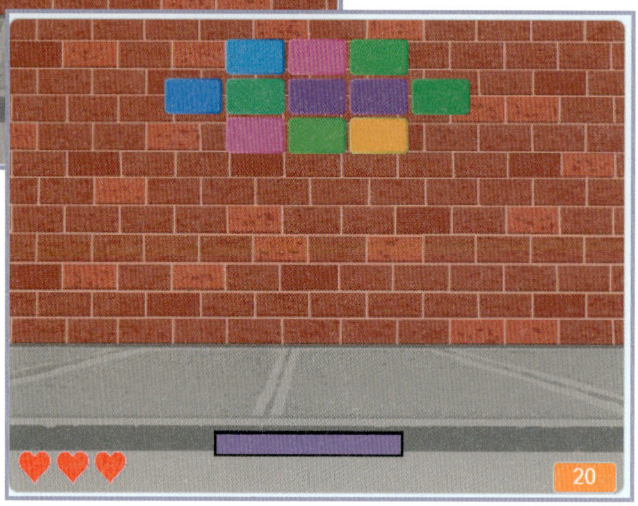

▲ 스테이지 2

확장 조건

다양한 모양의 스테이지를 추가하여 게임을 좀 더 흥미롭게 수정해 보자.

14 CHAPTER 같은 그림 카드 찾기

Scratch Programming

학습목표
- 리스트 구조 이해하기
- 복제하기 활용하기

무대에 6 종류의 카드 12개를 배치하고 같은 그림을 모두 찾는 게임 프로그램이다.

14.1 리스트 이해하기

프로그램을 시작하기 전에 리스트에 대해 알아보자. 리스트는 어떤 값(숫자 또는 문자)을 컴퓨터 메모리에 저장하는 것으로 변수와 유사하다. 변수가 단독 주택이라면 리스트는 아파트와 같은 개념을 가지고 있다. 단독 주택의 경우에는 일반적으로 한집에 한 가족이 살지만, 아파트의 경우 한 건물에 여러 가족이 사는 것과 같다. 즉, 변수는 주소 하나에 하나의 값만을 저장하지만 리스트는 하나에 여러 개의 값을 저장할 수 있다.

만약 사용자가 5개의 값을 컴퓨터에 저장하고 싶다면 변수를 이용할 경우 5개 필요할 것이다. 그러나 리스트를 사용하면 하나의 리스트로 5개의 값을 저장할 수 있다.

01 변수에서 **리스트 만들기**를 클릭하고 [새로운 리스트] 창에서 리스트 이름을 입력한 후 [확인] 버튼을 클릭한다.

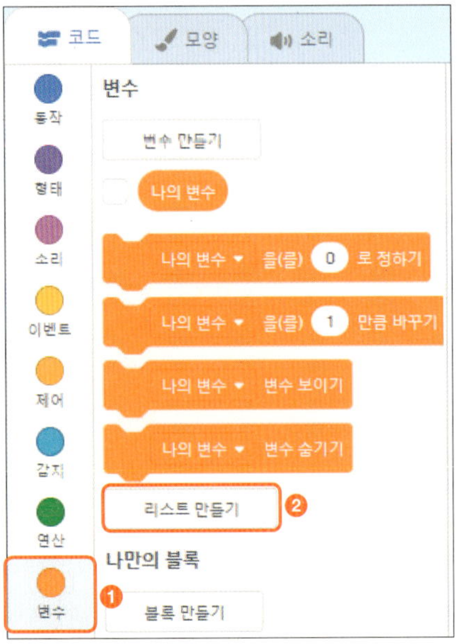

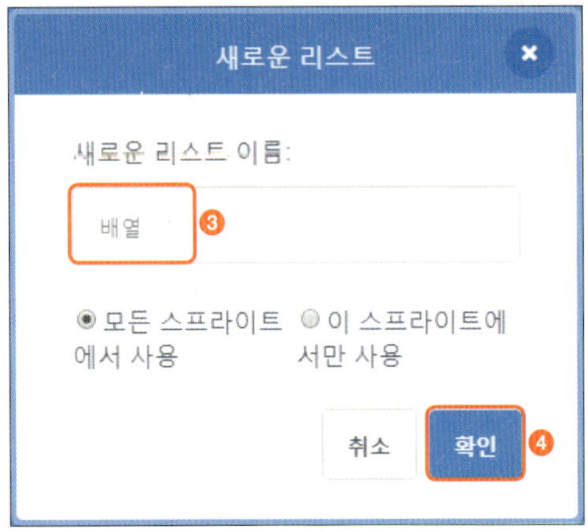

02 리스트 배열을 선언하면 관련된 블록이 추가되고 무대에 나타난다.

03 리스트에 값을 입력하려면 변수 – {항목}을(를) [배열▼]에 추가하기 블록을 이용한다. 블록을 클릭하면 배열에 순서대로 추가된다.

❶ 변수 – {사과}을(를) [배열▼]에 추가하기 ❷ 변수 – {수박}을(를) [배열▼]에 추가하기 ❸ 변수 – {딸기}을(를) [배열▼]에 추가하기

04 블록을 이용하여 리스트에서 사과와 수박 사이에 바나나를 추가해 보자.

변수 – {바나나}을(를) [배열▼] 리스트의 {2}번째에 넣기

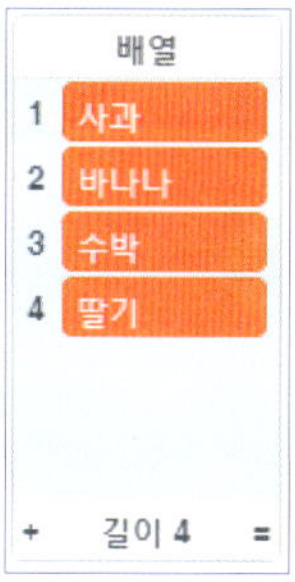

05 블록을 이용하여 리스트에서 3번째에 있는 수박을 삭제해 보자.

변수 – {3}번째 항목을 [배열▼]에서 삭제하기

이외의 리스트 관련 명령블록을 실습을 통해 이해하기 바란다.

14.2 같은 그림 카드 찾기 스프라이트 준비하기

01 [파일]–[새로 만들기]를 선택하여 초기화하고 [스프라이트]에서 "냥이" 스프라이트를 삭제한다.

02 [스프라이트]에서 스프라이트 고르기( )를 클릭하고 저장소에서 Monkey를 선택한 후 x : 0, y : –120, 크기 50으로 조절한다.

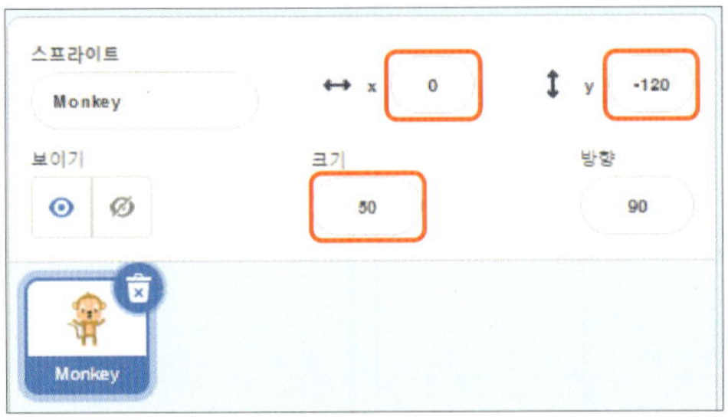

03 달걀(Egg), 딸기(Strawberry), 사과(Apple), 바나나(Bananas), 오렌지(Orange2), 수박(Watermelon) 스프라이트를 추가하고 이름을 각각 변경한다.

04 [스프라이트]에서 카드와 관련된 6개의 스프라이트의 크기를 80으로 변경한다.

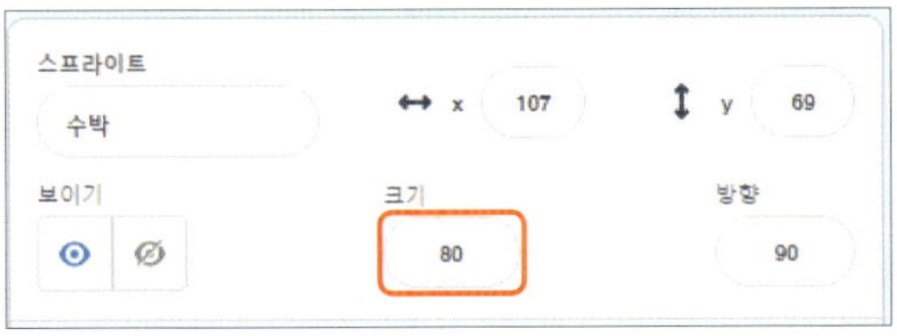

05 [스프라이트]에서 달걀을 선택하고 [모양] 탭에서 두 번째 모양의 이름을 수정한 후 나머지 모양은 모두 삭제한다.

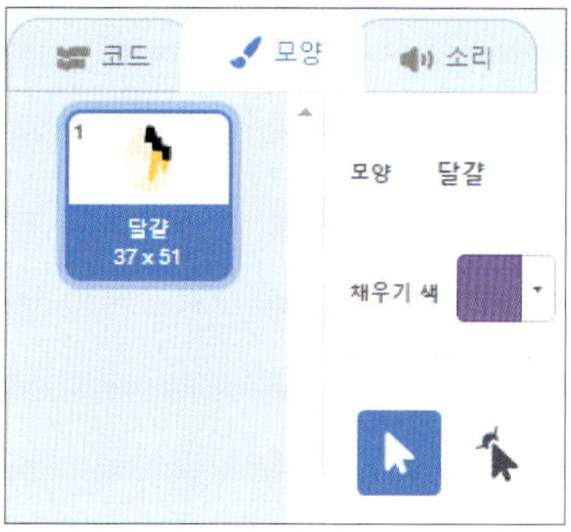

06 딸기와 오렌지 스프라이트는 1번째, 수박 스프라이트는 3번째 모양을 남기고 삭제한 후 모양의 이름을 각각 변경한다.

07 프로그램을 작성하면서 카드의 위치를 정하지만 카드와 관련된 6개의 스프라이트 위치를 미리 파악해 보자. 달걀, 바나나, 딸기, 수박의 x 좌표는 각각 −150, −50, 50, 150이고 y 좌표는 모두 120이다. 오렌지, 사과의 x 좌표는 모두 −150이고 y 좌표는 각각 0, −120이다. 스프라이트의 중심점을 기준으로 한 좌표이므로 각 스프라이트의 [모양] 탭에서 중심을 맞춘다.

08 오렌지 스프라이트의 [모양] 탭에서 **직사각형(□)**을 선택하고 옵션에서 채우기 색은 **투명(／)**, 윤곽선 색은 **검정**, 두께는 **4**로 설정한다. 오렌지에 카드 모양의 직사각형을 그리고 다른 그림과 겹쳤을 때를 대비하여 옵션의 맨 뒤로( )를 클릭한다.

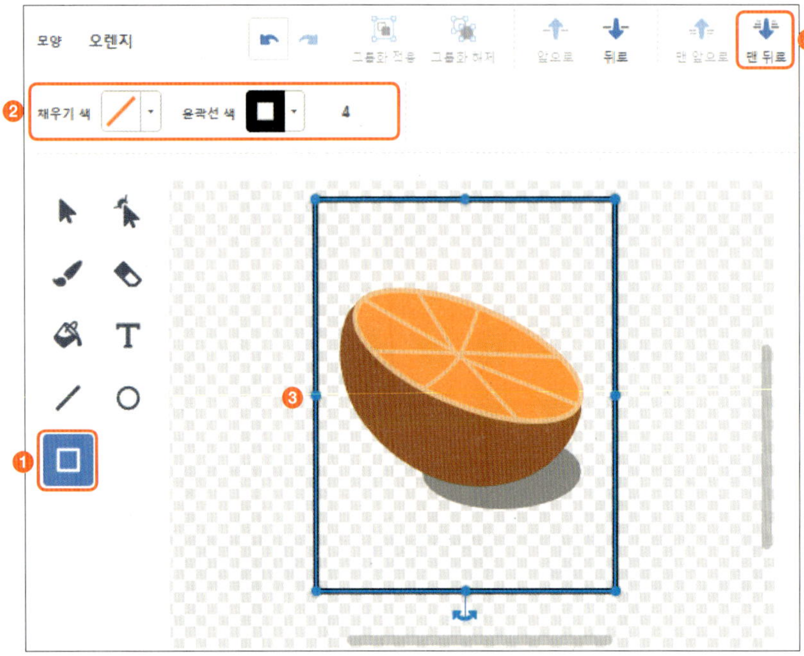

09 **선택( )**을 클릭하고 그림판에서 직사각형을 클릭한다. 옵션의 **복사( )**를 클릭하고 **모양 고르기( )**에 포함된 **그리기( )**를 클릭한다.

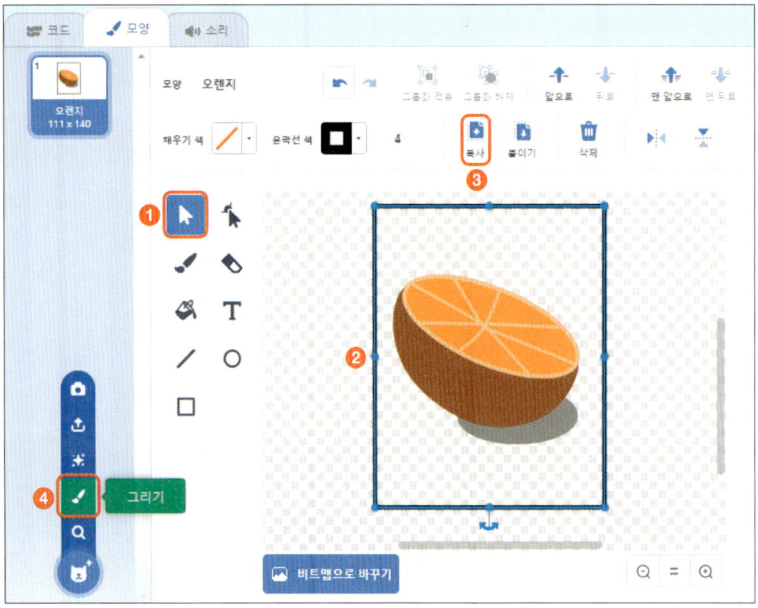

10 새로 만들어진 모양에서 옵션의 **붙이기( )**를 클릭하여 직사각형을 표시하고 카드 뒷면을 나타내기 위해 채우기 색을 변경한 후 모양 이름을 **뒷면**으로 변경한다.

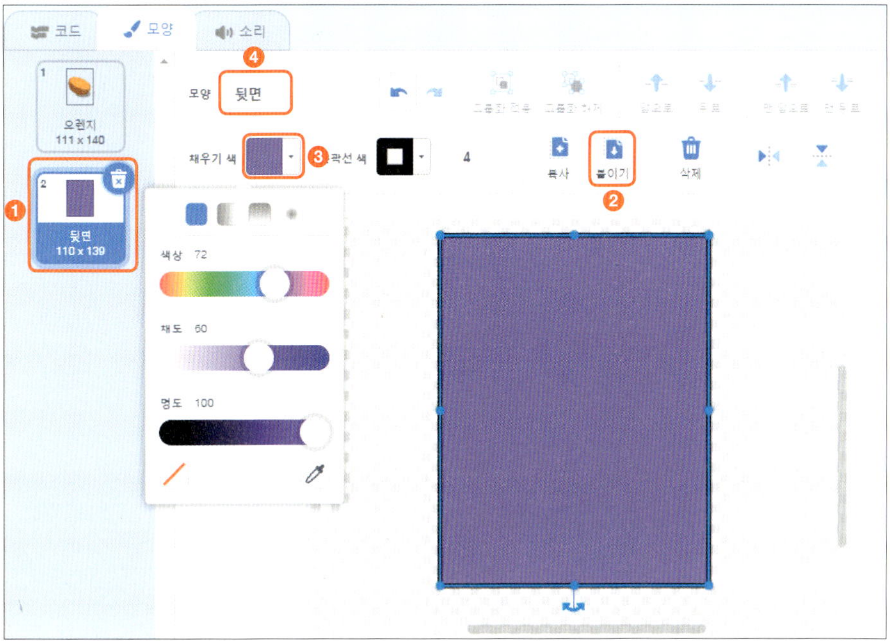

11 오렌지 모양에 그린 직사각형을 선택하고 옵션의 **복사( )**를 클릭한다. Monkey를 제외한 나머지 스프라이트의 [모양] 탭에서 옵션의 **붙이기( )**를 클릭한다.

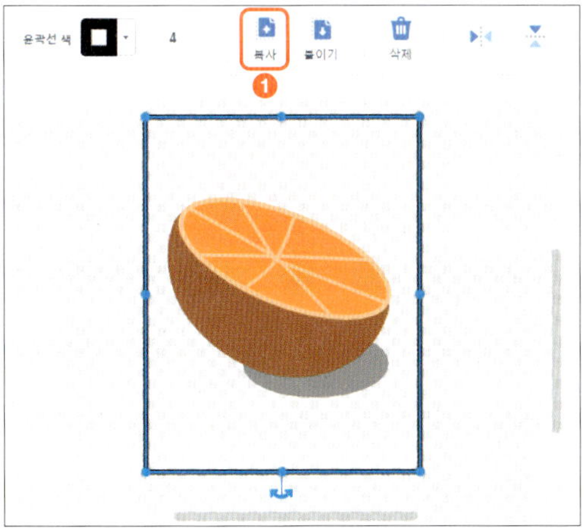

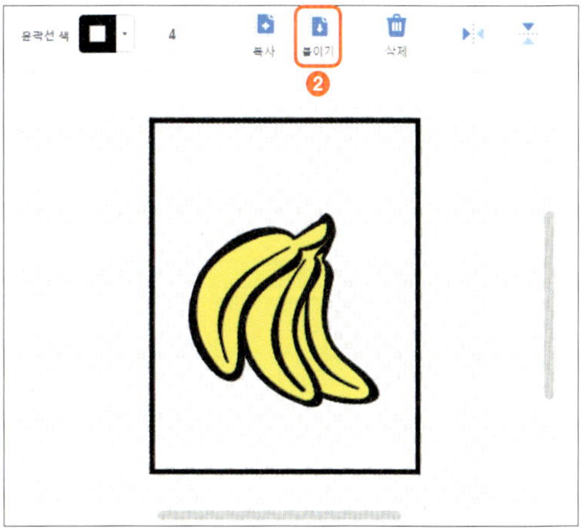

12 오렌지 모양에 있는 **뒷면** 모양을 [스프라이트]에 있는 Monkey를 제외한 나머지 스프라이트에 각각 드래그하여 카드 뒷면 모양을 복사한다.

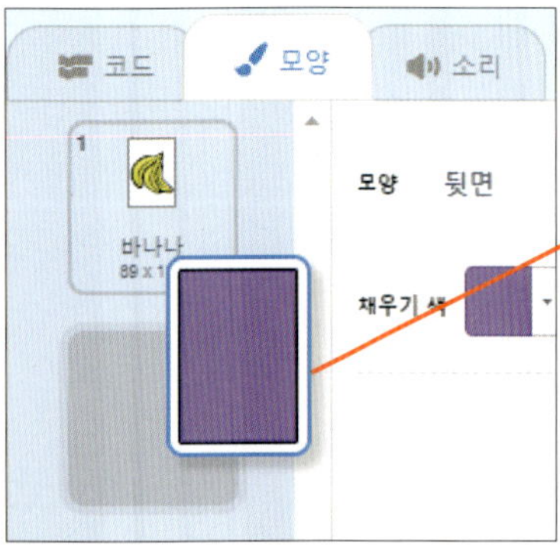

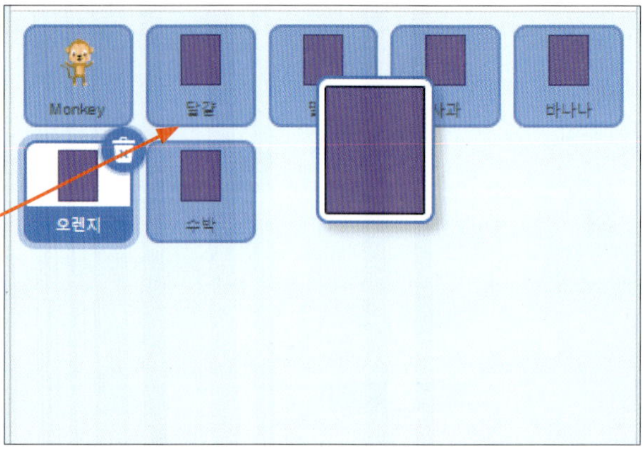

13 6개의 스프라이트는 그림과 뒷면의 크기가 같으므로 조절할 필요가 없다. 무대를 보면서 스프라이트와 뒷면의 위치가 정확하게 일치하여 표시되도록 [모양] 탭에서 조절한다.

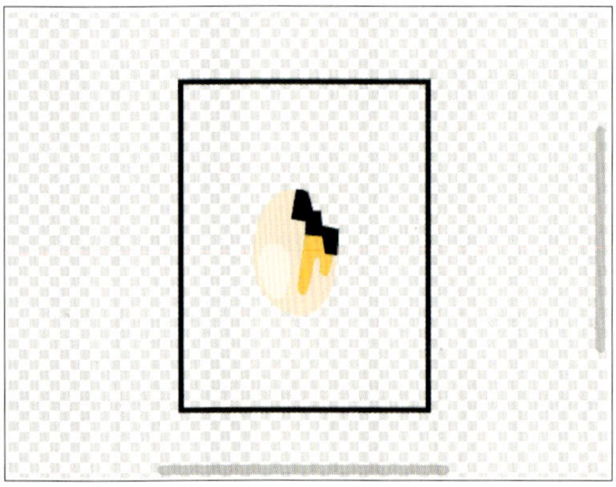

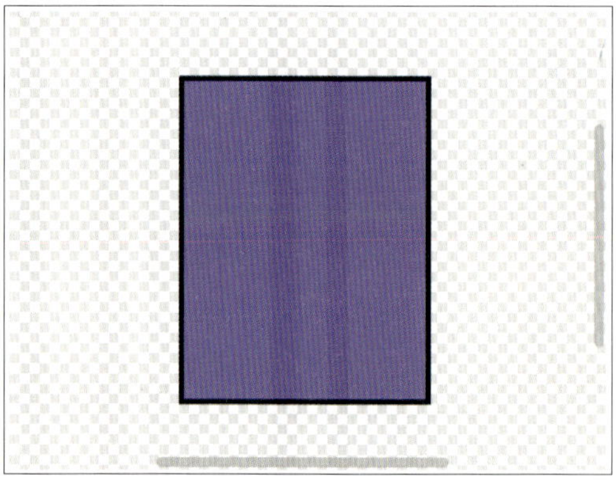

14.3 같은 그림 카드 찾기 프로그램 만들기

1 Monkey 스프라이트 프로그램

01 게임을 진행하기 위해 두 번의 클릭과 난수를 이용하여 카드를 배치하기 위한 변수가 필요하다. 변수 – 변수 만들기를 이용하여 3개의 변수를 만들고 무대에 보이지 않도록 한다.

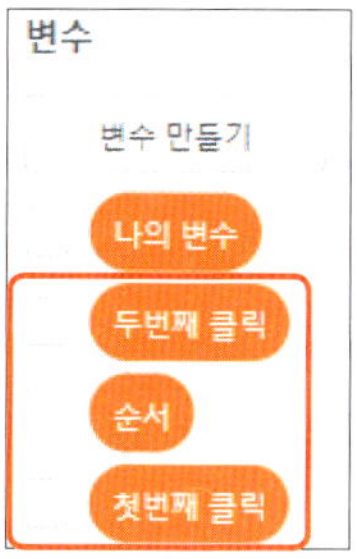

02 다음으로 게임을 위한 리스트를 만들자. 이 프로그램에서는 카드의 위치를 나타낼 **x좌표**, **y좌표**가 필요하며 같은 그림을 찾았을 때 목록을 저장할 **성공**, 카드의 위치를 정할 때 사용하기 위한 **순서리스트**가 필요하다.

03 [스프라이트]에서 Monkey를 선택하고 게임이 시작되면 카드의 위치를 정하기 위해 x좌표와 y좌표 리스트 값을 추가한다.

❶ 이벤트 – 🏁 클릭했을 때
❷ 변수 – {–150}을(를) [x좌표▼]에 추가하기
❸ 변수 – {–50}을(를) [x좌표▼]에 추가하기
❹ 변수 – {50}을(를) [x좌표▼]에 추가하기
❺ 변수 – {150}을(를) [x좌표▼]에 추가하기
❻ 변수 – {120}을(를) [y좌표▼]에 추가하기
❼ 변수 – {0}을(를) [y좌표▼]에 추가하기
❽ 변수 – {–120}을(를) [y좌표▼]에 추가하기

04 스프라이트가 보이도록 하고 각 변수의 초기값을 설정한 후 6가지 카드 종류를 2장씩 배치해야 하므로 12번 반복하는 블록을 작성한다.

> ❶ 형태 – 보이기
> ❷ 변수 – {첫번째 클릭▼}을(를) {0}로 정하기
> ❸ 변수 – {두번째 클릭▼}을(를) {0}로 정하기
> ❹ 변수 – [순서리스트▼]의 항목을 모두 삭제하기
> ❺ 변수 – [성공▼]의 항목을 모두 삭제하기
> ❻ 제어 – 〈 연산 – {변수 – [순서리스트▼]의 길이} = {12} 〉까지 반복하기

05 카드 12장의 순서를 배치하기 위한 난수를 정한다. 이때 12개의 값이 중복되지 않도록 이전 값과 비교하여 다를 경우에만 저장하는 블록을 작성한다.

> ❶ 변수 – [순서▼]을(를) {연산 – {1}부터 {12} 사이의 난수}로 정하기
> ❷ 제어 – 만약 〈 ❸ 〉(이)라면
> ❸ 연산 – 〈 ❹ 〉이(가) 아니다
> ❹ 변수 – [순서리스트▼]이(가) {변수 – 순서}을(를) 포함하는가?
> ❺ 변수 – {변수 – 순서}을(를) [순서리스트▼]에 추가하기

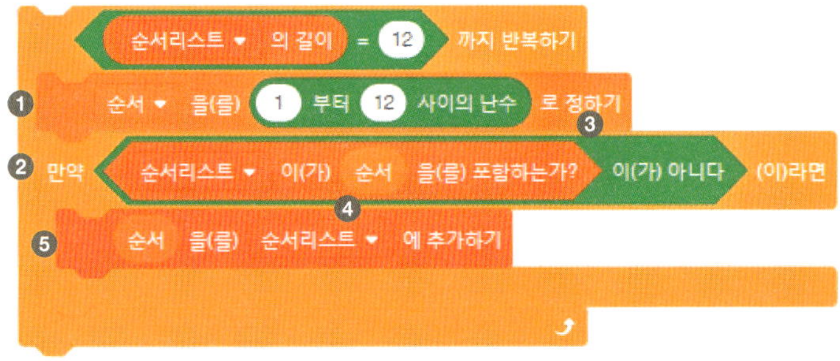

06 카드 순서를 정하기 위한 작업이 끝나면 카드와 관련된 스프라이트에 게임 시작 신호(보이기)를 보내고 게임이 끝나면(6번 성공) 경과된 시간을 말한다. 게임이 종료될 때까지 경과된 시간이 점수이므로 기본 변수 타이머를 이용한다.

❶ 형태 – {같은그림찾기 시작}을(를) {2}초 동안 말하기
❷ 형태 – 숨기기
❸ 이벤트 – [보이기▼] 신호 보내기 // 모든 카드에 게임 시작 신호 보냄
❹ 감지 – 타이머 초기화
❺ 제어 – 〈 ❻ 〉까지 기다리기 // 6쌍의 카드를 모두 찾았는가?
　❻ 연산 – [변수 – [성공▼]의 길이] = {6}
❼ 형태 – 보이기
❽ 형태 – 맨 [앞쪽▼]으로 순서 바꾸기
❾ 형태 – {연산 – {❿}와(과) {초!} 결합하기} 말하기
　❿ 연산 – {감지 – 타이머}의 반올림

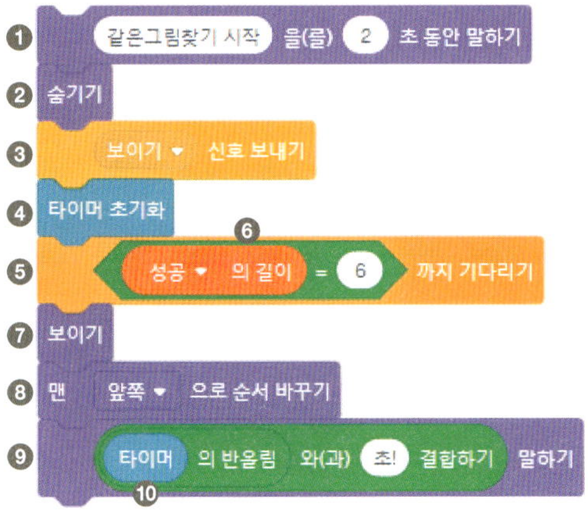

2 무대 프로그램

01 [무대]에서 배경을 선택하고 게임을 시작했을 때 무한 반복하도록 한다. 두번째 클릭 변수에 값이 들어가면 두 변수의 초기값을 설정하고 카드는 모두 뒷면이 보이도록 신호(뒤집기)를 보내는 블록을 작성한다.

❶ 이벤트 – 🏴 클릭했을 때
❷ 제어 – 무한 반복하기
　　❸ 제어 – 만약 〈 ❹ 〉(이)라면
　　　　❹ 연산 – 〈 ❺ 〉이(가) 아니다
　　　　　　❺ 연산 – {변수 – 두번째 클릭} = 0 // 두 번째 카드가 선택됨
❻ 제어 – {0.2}초 기다리기
❼ 변수 – [첫번째 클릭▼]을(를) {0}로 정하기
❽ 변수 – [두번째 클릭▼]을(를) {0}로 정하기
❾ 이벤트 – [뒤집기▼] 신호 보내기

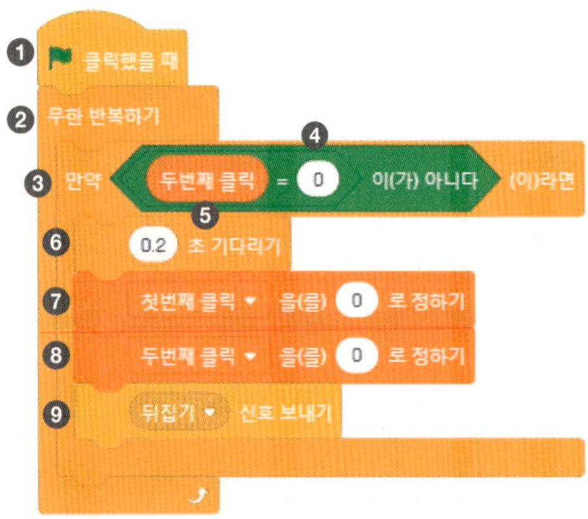

02 첫번째 클릭 변수와 두번째 클릭 변수의 값이 같은지를 판단하여 성공 리스트에 달걀을 찾았다는 데이터를 기록하는 블록을 작성한다.

❶ 이벤트 – 🏴 클릭했을 때
❷ 제어 – 〈 연산 – 〈 ❸ 〉 그리고 〈 ❹ 〉 〉까지 기다리기
　　❸ 연산 – {변수 – 첫번째 클릭} = {달걀}
　　❹ 연산 – {변수 – 두번째 클릭} = {달걀}
❺ 변수 – {달걀}을(를) [성공▼]에 추가하기

03 블록을 복사하여 나머지 카드에 대해 판단하도록 수정한다.

04 같은 그림의 카드를 찾으면 성공 리스트에 추가하여 6이면 종료하기 위한 작업이다.

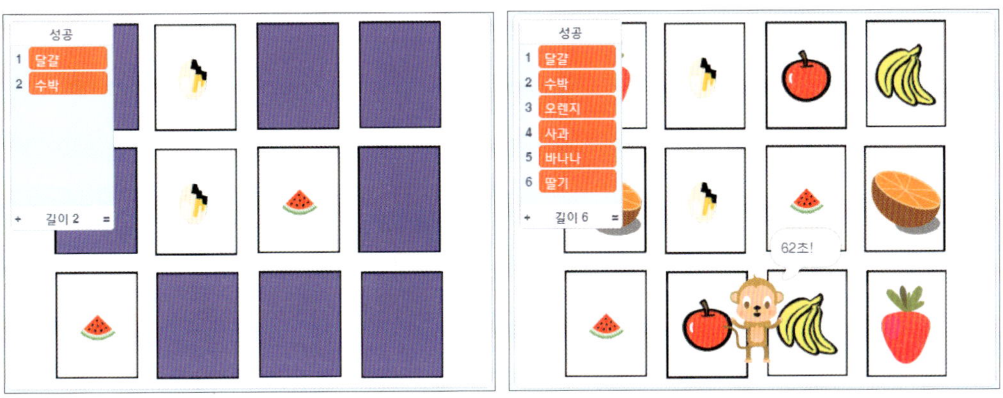

3 카드 프로그램

01 [스프라이트]에서 **달걀**을 선택하고 프로그램이 시작되면 무대에서 보이지 않도록 한 후 뒷면으로 모양을 바꾼다.

> ❶ 이벤트 – 🏴 클릭했을 때
> ❷ 형태 – 숨기기
> ❸ 형태 – 모양을 [뒷면▼](으)로 바꾸기

02 게임이 시작되고 신호(보이기)를 받으면 위치를 결정한다. 달걀의 첫 번째 카드는 순서리스트의 1번째 위치하는 난수 값을 이용하여 좌표값을 정한다. 두 번째 카드의 위치를 결정하기 위해 복제하는 블록을 작성한다.

> ❶ 이벤트 – [보이기▼] 신호를 받았을 때
> ❷ 동작 – x 좌표를 {❸}(으)로 정하기
> ❸ 변수 – [x좌표▼] 리스트의 {연산 – {❹} + {1}}번째 항목
> ❹ 연산 – {❺} 나누기 {4}의 나머지
> ❺ 변수 – [순서리스트▼] 리스트의 {1}번째 항목
> ❻ 동작 – y 좌표를 {❼}(으)로 정하기
> ❼ 변수 – [y좌표▼] 리스트의 {연산 – {❽} + {1}}번째 항목
> ❽ 연산 – {❾} 나누기 {3}의 나머지
> ❾ 변수 – [순서리스트▼] 리스트의 {1}번째 항목
> ❿ 제어 – [나 자신▼] 복제하기
> ⓫ 형태 – 보이기

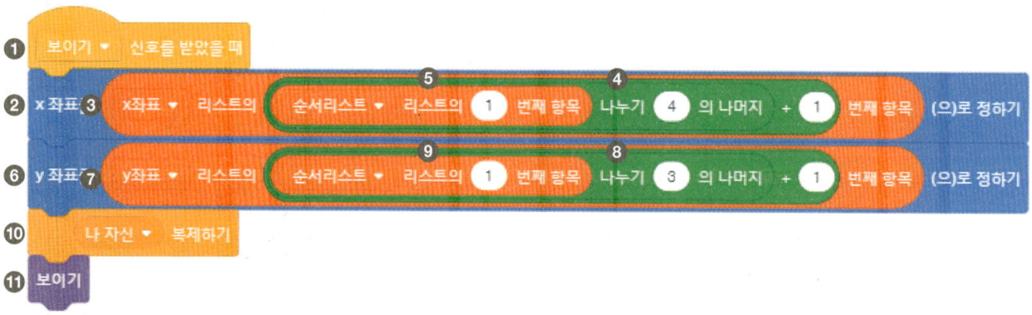

03 복제된 달걀 스프라이트의 두 번째 카드는 순서리스트의 7번째 위치하는 난수 값을 이용하여 좌표값을 정한다. 일부 중복되는 블록은 복사하여 수정한다.

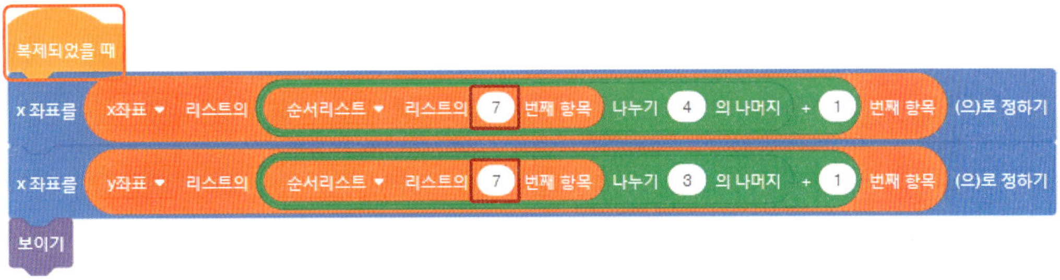

04 x좌표는 −150, −50, 50, 150이고 y좌표는 120, 0, −120이 순서대로 저장되어 있다. 그러므로 x좌표는 4, y좌표는 3으로 나눈 다음 나머지에 1을 더하여 좌표 값을 구한다. 다음은 난수를 이용하여 순서리스트에 구한 값에 따른 달걀의 위치를 나타낸 것이다.

순서리스트의 1번째와 7번째 값

7	6	3	2	10	4	5	12	8	1	11	9

카드	구분	순서리스트 값	좌표 수	나눈 나머지	좌표 순서	좌표 값
첫 번째	x좌표	7(1번째 값)	4개	3	4	150
	y좌표	7(1번째 값)	3개	1	2	0
두 번째	x좌표	5(7번째 값)	4개	1	2	−50
	y좌표	5(7번째 값)	3개	2	3	−120

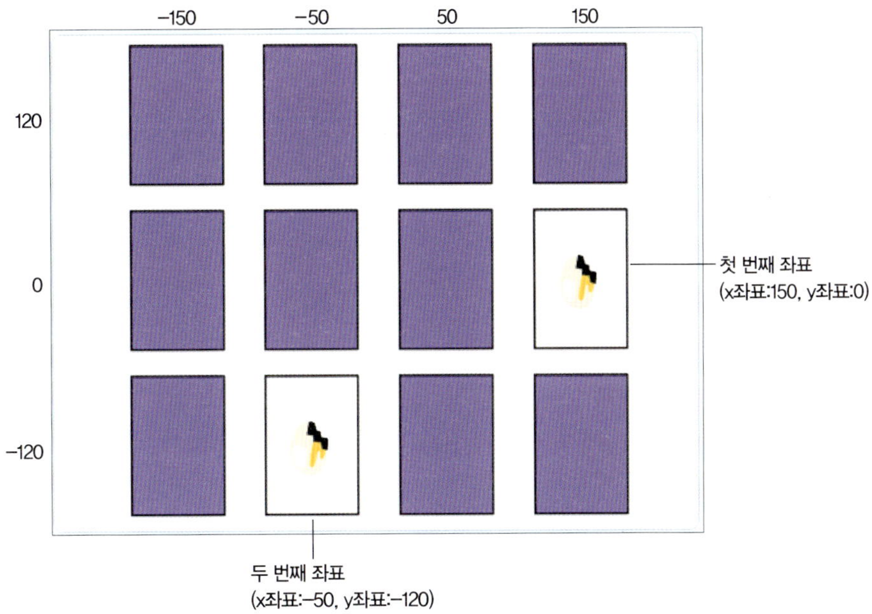

05 배경으로부터 신호(뒤집기)를 받았을 때 성공 리스트에 달걀이 포함되지 않았다면 아직 같은 카드를 찾지 못했기 때문에 카드의 뒷면을 표시한다.

❶ 이벤트 – [뒤집기▼] 신호를 받았을 때
❷ 제어 – 만약 〈 연산 – 〈 ❸ 〉이(가) 아니다 〉 (이)라면
❸ 변수 – [성공▼]이(가) {달걀}을(를) 포함하는가?
❹ 형태 – 모양을 [뒷면▼](으)로 바꾸기

06 스프라이트를 클릭했을 때 모양이 뒷면(2)일 경우 다음 모양으로 바꾸어 어떤 그림인지 보여준다. 첫 번째 클릭일 경우 **첫번째 클릭** 변수에, 두 번째 클릭일 경우 **두번째 클릭** 변수에 달걀을 저장한다.

❶ 이벤트 – 이 스프라이트를 클릭했을 때
❷ 제어 – 만약 〈 연산 – {형태 – 모양[번호▼]} = {2} 〉(이)라면
❸ 다음 모양으로 바꾸기
❹ 제어 – 만약 〈 연산 – {변수 – 첫 번째클릭} = (0) 〉(이)라면
❺ 변수 – [첫번째 클릭▼]을(를) {달걀}로 정하기
아니면
❻ 변수 – [두번째 클릭▼]을(를) {달걀}로 정하기

알고가기

각 모양의 좌측 상단에 있는 모양 번호를 이용한다.

07 달걀 스프라이트의 프로그램이 완성되었다. 달걀 스프라이트의 모든 블록을 딸기 스프라이트로 드래그하여 복사한 후 수정한다. 딸기 스프라이트는 순서리스트의 2, 8번째 항목을 이용한다.

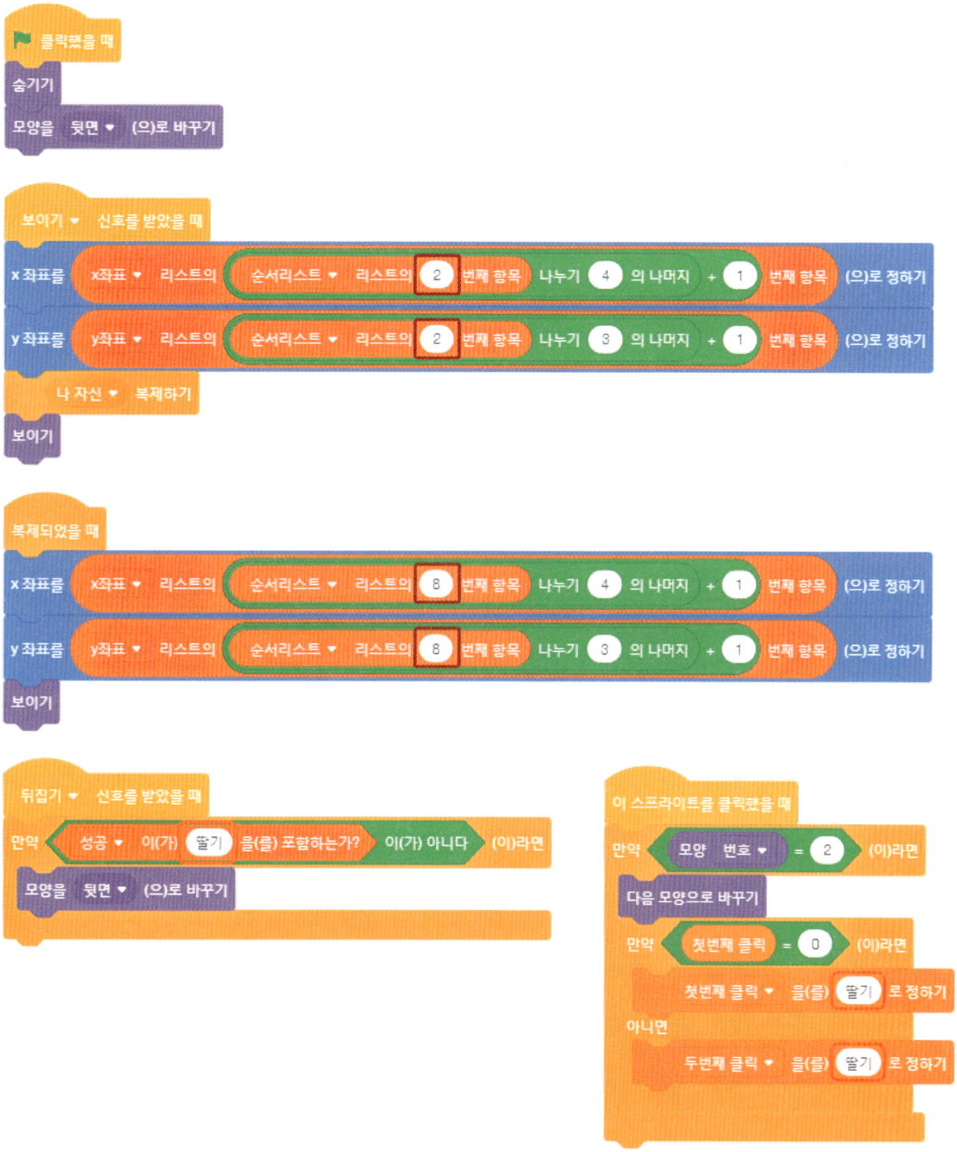

08 동일한 방법으로 나머지 스프라이트에 블록을 복사한 후 수정한다. 사과 스프라이트는 3, 9번째, 바나나 스프라이트는 4, 10번째, 오렌지 스프라이트는 5, 11번째, 수박 스프라이트는 6, 12번째 순서리스트의 항목을 이용한다.

09 모든 스크립트가 완성되었으므로 **녹색 깃발(🏁)**을 클릭하여 프로그램을 실행해 보자.

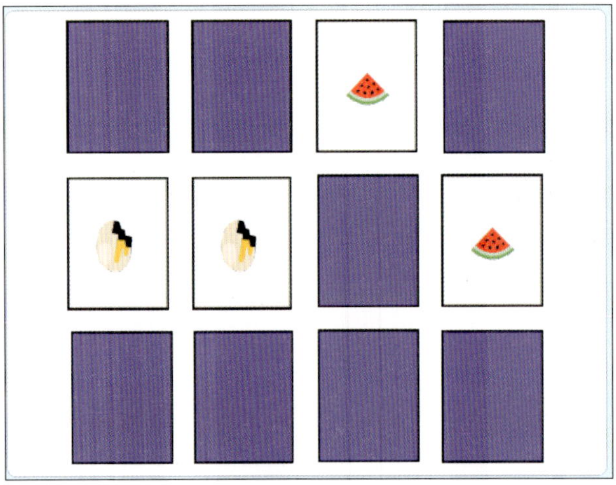

Chapter 14 연습문제

■ **본문의 카드 맞추기 게임의 카드를 8종류 16장으로 확장하는 프로그램을 작성하시오.**

처리 조건

카드는 동물로 한다.

15
CHAPTER

구구단 야구 게임

Scratch Programming

학습목표 ■ 나만의 블록 만들기

야구를 이용한 구구단 게임으로 투수가 공을 던지면서 구구단 문제를 출제하고 사용자가 답을 입력하여 정답일 경우 타자 볼을 타격하고 점수를 얻는다. 오답이면 스트라이크로 처리되며 스트라이크가 3회면 점수를 표시하고 게임을 종료한다.

15.1 나만의 블록 이해하기

함수(function)는 프로그램의 특정 부분이 여러 곳에서 사용될 때 이를 간단히 처리할 수 있는 기법이다. 예를 들어 프로그램의 여러 곳(b, c ,d...)에서 프로그램의 일부분(a 부분)이 같이 사용된다면, 블록 a를 별도로 만들어 두고 이를 필요할 때마다 이용(호출)하면 같은 작업을 일일이 반복적으로 작성하지 않아도 된다.

함수를 이용하면 프로그램의 구현이 간결해지고 작업을 편리하게 할 수 있으며 스크래치에서는 함수를 나만의 블록 기능으로 구현할 수 있다. 이때 일반적으로 프로그램 각 부분에서 사용되는 블록 a에 변수들의 값들이 다르다. 이를 처리하기 위해 블록 a를 호출할 때 필요한 값들을 전달하게 된다. 이론적으로는 이를 매개변수라 한다.

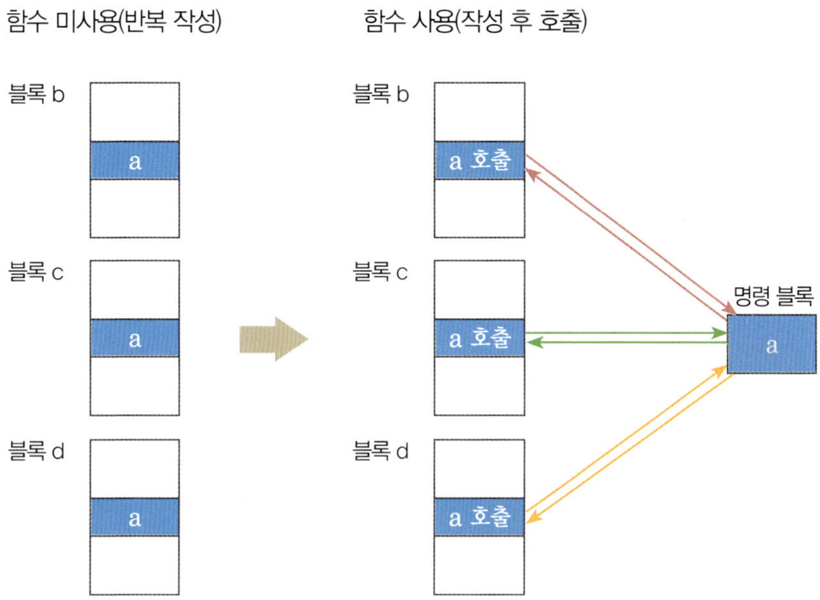

예를 들어 c = a + b라는 수식을 프로그램의 여러 곳에서 사용한다면, 이를 분리하여 나만의 블록으로 작성하여 처리한다. 변수 a, b, c를 만들어 실습해 보자.

01 변수에서 **변수 만들기**를 이용하여 3개의 변수를 만든다.

02 나만의 블록에서 **블록 만들기**를 클릭한다.

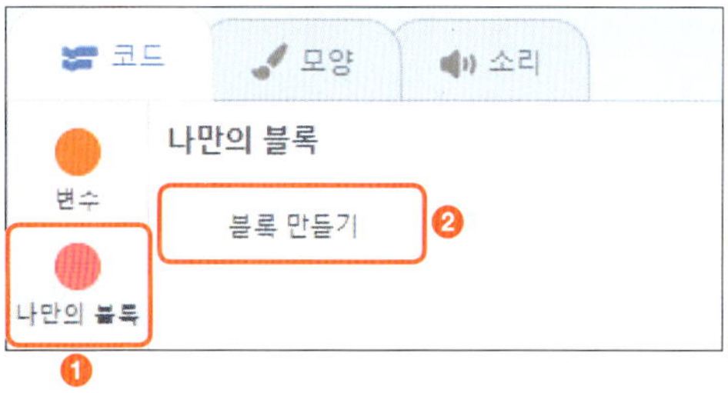

03 [블록 만들기] 창에서 블록 이름을 **더하기**로 입력한다. 블록의 이름은 블록의 역할(기능)에 대한 것으로 정한다.

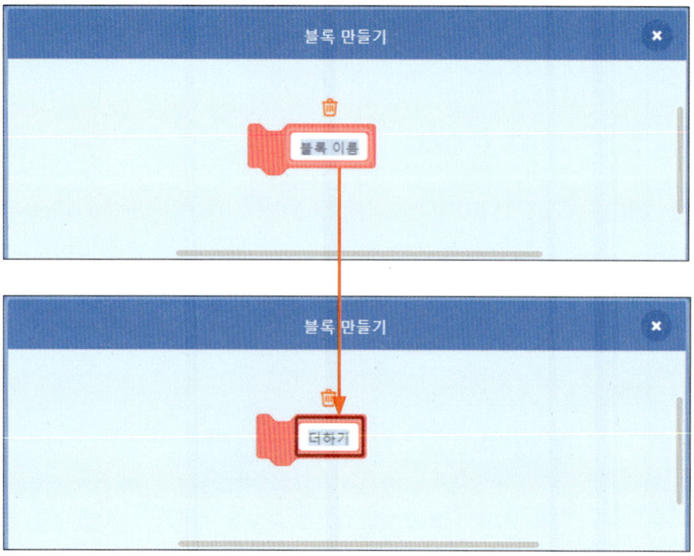

04 **입력값 추가하기(숫자 또는 문자열)**을 두 번 클릭하고 각각 a, b를 입력한 후 [확인] 버튼을 클릭한다. 블록 만들기 밑에 새로운 블록이 추가된 것을 확인한다.

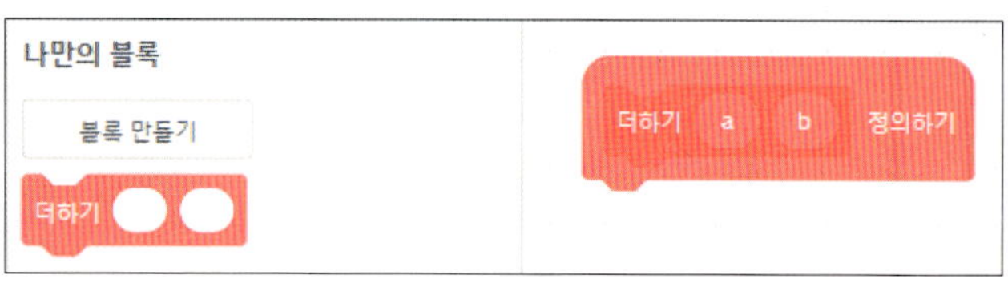

알고가기

나만의 블록을 호출할 때 전달되는 값은 숫자, 불리언(참, 거짓), 문자(라벨)로 구분한다.

05 나만의 블록의 a와 b의 값을 더하여 c 변수에 기억시키도록 블록을 작성한다. 이 때 수식에서 사용한 a, b는 나만의 블록에서 선언한 a, b이며 a, b 변수와는 다르므로 주의한다.

나만의 블록 – [더하기 {a} {b}] 정의하기 변수 – [c▼]을(를) {연산 – {나만의 블록 – a} + {나만의 블록 – b}}로 정하기

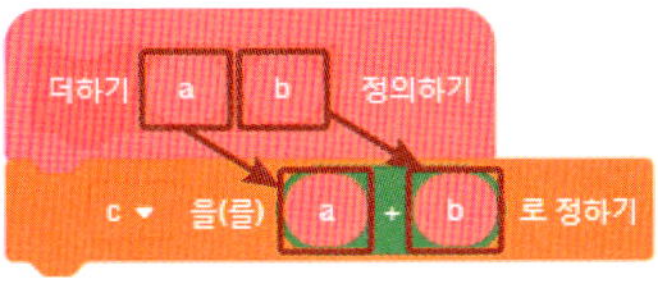

06 a 변수에 2, b 변수에 3을 기억시키고 나만의 블록 – [더하기 { } { }]를 이용(호출)한다.

❶ 변수 – [a▼]을(를) {2}로 정하기 ❷ 변수 – [b▼]을(를) {3}로 정하기 ❸ 나만의 블록 – 더하기 {변수 – a} {변수 – b} ❹ 형태 – {변수 – c} 말하기

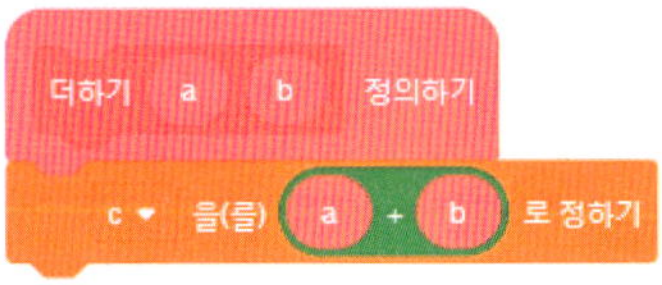

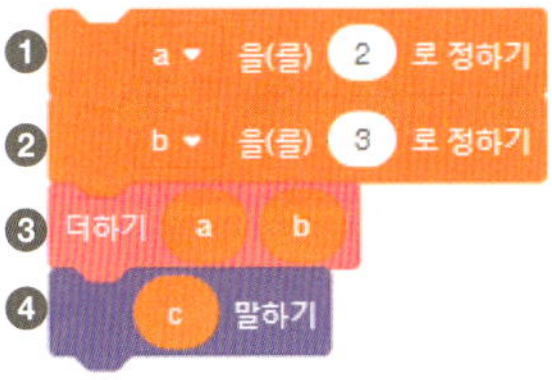

07 블록을 클릭하여 프로그램을 실행하면 냥이 스프라이트가 5를 말한다.

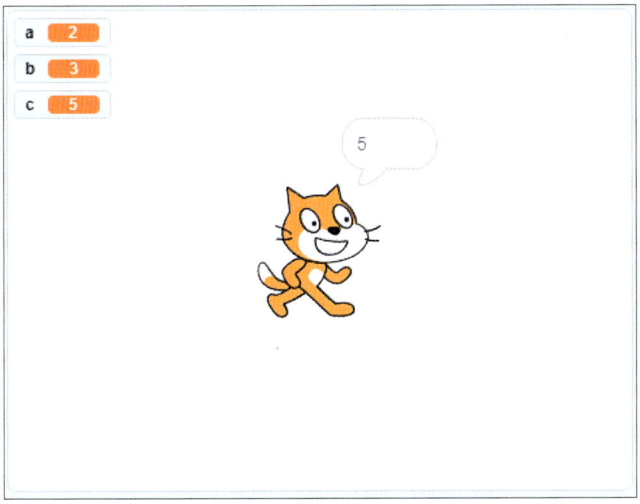

이와 같이 자주 사용되는 나만의 블록을 작성해 두면 프로그램에서 필요할 때마다 호출하여 이용할 수 있다. 나만의 블록이 복잡하면 할수록 나만의 블록 기능은 극대화된다.

15.2 구구단 야구 게임 무대 만들기

01 [파일]–[새로 만들기]를 선택하여 초기화하고 [스프라이트]에서 "냥이" 스프라이트를 삭제한다.

02 무대의 배경을 변경하기 위해 [무대]에서 배경 고르기( )를 클릭하고 Baseball 1을 선택한다.

03 [스프라이트]에서 스프라이트 고르기( )를 클릭하고 저장소에서 투수(Pitcher), 야구공(Baseball), 타자(Batter)를 추가하고 크기를 모두 50으로 변경한다.

15.3 구구단 야구 게임 프로그램 만들기

1 투수(Pitcher) 스프라이트 프로그램

01 게임을 진행하기 위해 5개의 변수를 만든다. 변수는 남아 있는 기회를 표시할 기회, 획득한 점수를 저장할 점수, 사용자가 입력한 값과 비교할 정답, 구구단을 표시할 단과 수가 필요하다. 기회를 제외한 나머지 변수는 무대에 보이지 않도록 한다.

02 [스프라이트]에서 Pitcher를 선택하고 변수 초기값을 설정한 후 투수의 처음 모양과 위치를 설정한다. 스페이스 키를 누르면 게임 시작 신호(시작)를 보내는 블록을 작성한다.

❶ 이벤트 – 🏴 클릭했을 때
❷ 변수 – [점수▼]을(를) {0}로 정하기
❸ 변수 – [기회▼]을(를) {3}로 정하기
❹ 변수 – [정답▼]을(를) {0}로 정하기
❺ 형태 – 모양을 [pitcher–a▼](으)로 바꾸기 // 투수의 처음 모양
❻ 동작 – x:{–200} y:{–50}(으)로 이동하기
❼ 형태 – {스페이스바를 눌러주세요} 말하기
❽ 제어 – 〈 감지 – [스페이스▼]키를 눌렀는가? 〉까지 기다리기
❾ 이벤트 – [시작▼] 신호 보내기

03 신호(시작)를 받으면 구구단 문제와 정답을 정하고 투수가 볼을 던지는 모양으로 4번 변경한 후 구구단 문제를 사용자에게 묻고 기다린다.

❶ 이벤트 – [시작▼] 신호를 받았을 때
❷ 변수 – [단▼]을(를) {연산 – {2}부터 {9} 사이의 난수}로 정하기
❸ 변수 – [수▼]을(를) {연산 – {2}부터 {9} 사이의 난수}로 정하기
❹ 변수 – [정답▼]을(를) {연산 – {변수 – 단} × {변수 – 수}}로 정하기
❺ 제어 – {4}번 반복하기
　❻ 형태 – 다음 모양으로 바꾸기
　❼ 제어 – {0.3}초 기다리기
❽ 감지 – { ❾ }라고 묻고 기다리기
　❾ 연산 – {변수 – 단}와(과) { ❿ } 결합하기
　　❿ 연산 – {×}와(과) { ⓫ } 결합하기
　　　⓫ 연산 – {변수 – 수}와(과) {=?} 결합하기

04 사용자가 입력한 값이 오답이면 Baseball 스프라이트에서 작성하게 될 나만의 블록인 심판으로부터 신호(스트라이크)를 받아 투수가 말하도록 블록을 작성한다.

❶ 이벤트 – [스트라이크▼] 신호를 받았을 때
❷ 형태 – {스트라이크}을(를) {2}초 동안 말하기

05 Baseball 스프라이트로 부터 신호(종료)를 받으면 투수가 점수를 말하도록 블록을 작성한다.

❶ 이벤트 - [종료▼] 신호를 받았을 때
❷ 형태 - { ❸ }을(를) {5}초 동안 말하기
　　❸ 연산 - {점수 : }와(과) {변수 - 점수} 결합하기

2 볼(Baseball) 스프라이트 프로그램

01 [스프라이트]에서 Baseball을 선택하고 프로그램을 시작했을 때 무대에서 보이지 않도록 블록을 작성한다.

❶ 이벤트 - 🏴 클릭했을 때
❷ 형태 - 숨기기

02 게임이 시작되면 기회가 0일 때까지 투수 위치에서 부터 타자 위치까지 볼이 이동하는 것을 반복한다. 볼의 속도는 난수로 난이도를 조절하고 게임이 끝나면 투수에게 신호(종료)를 보내는 블록을 작성한다.

❶ 이벤트 - [시작▼] 신호를 받았을 때
❷ 제어 - 〈 연산 - {변수 - 기회} = {0} 〉까지 반복하기
　　❸ 제어 - {1}초 기다리기 // 투수 동작 동안 기다림
　　❹ 동작 - x:{−200} y:{−50}(으)로 이동하기
　　❺ 형태 - 보이기
　　❻ 동작 - { ❼ }초 동안 x:{190} y:{−50}(으)로 이동하기
　　　　❼ 연산 - {2}부터 {4} 사이의 난수 // 볼 속도 조정
　　// 정답을 판단하기 위한 나만의 블록 위치
　　❽ 이벤트 - [시작▼] 신호 보내기
❾ 이벤트 - [종료▼] 신호 보내고 기다리기
❿ 제어 - 멈추기 [모두▼]

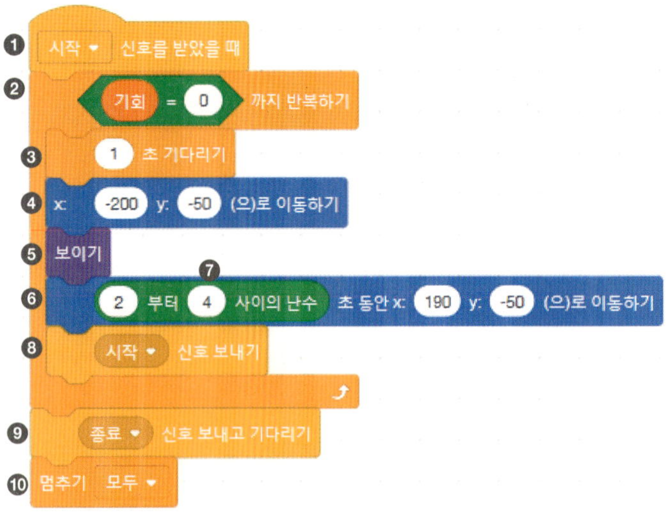

03 정답을 별도로 판단하기 위해 나만의 블록에서 **블록 만들기**를 클릭한 후 [블록 만들기] 창에서 블록 이름을 **심판**으로 입력한다.

04 **입력값 추가하기(논리값)**을 클릭하고 [확인] 버튼을 클릭한다.

05 나만의 블록인 심판에서 정답일 경우 신호(안타)를 타자에게 보내어 모양을 바꾸고 입력한 값을 말하도록 처리한다. 점수는 100을 증가시키고 볼은 투수 위쪽으로 날아가도록 처리한 후 보이지 않게 블록을 작성한다.

> ❶ 나만의 블록 – 〈 심판 〉 정의하기
> ❷ 제어 – 만약 〈 나만의 블록 – Boolean 〉(이)라면 // 정답이면
> ❸ 이벤트 – [안타▼] 신호 보내기
> ❹ 변수 – [점수▼]을(를) {100}만큼 바꾸기
> ❺ 동작 – {1}초 동안 x:{−220} y:{100}(으)로 이동하기
> ❻ 형태 – 숨기기

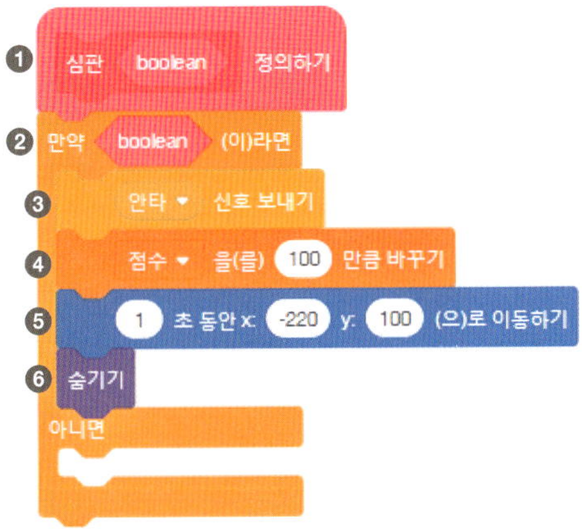

06 오답일 경우에는 투수에게 신호(스트라이크)를 보내고 기회를 감소시킨 후 볼을 투수에게 이동하여 보이지 않게 블록을 작성한다.

> 아니면 // 오답이면
> ❶ 이벤트 – [스트라이크▼] 신호 보내고 기다리기
> ❷ 변수 – [기회▼]을(를) {−1}만큼 바꾸기
> ❸ 동작 – {1}초 동안 x:{−200) y:(−50)(으)로 이동하기
> ❹ 형태 – 숨기기
> ❺ 제어 – {1}초 기다리기

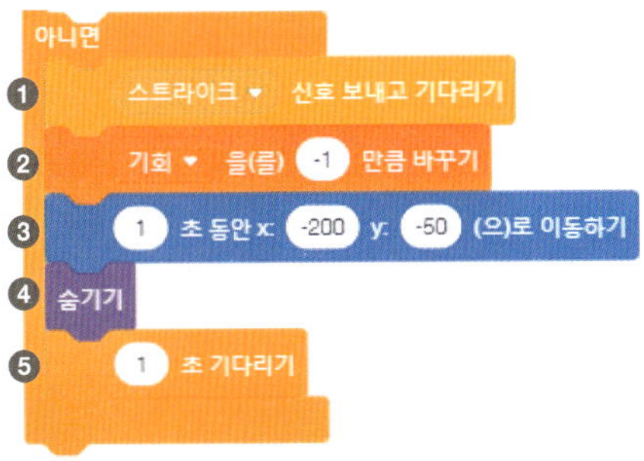

07 나만의 블록인 심판이 완성되었으므로 시작 신호를 받았을 때 구구단 정답과 사용자 입력 값을 비교하도록 처리한다.

나만의 블록 – 심판 〈 연산 – {변수 – 정답} = {감지 – 대답} 〉 // 심판 호출

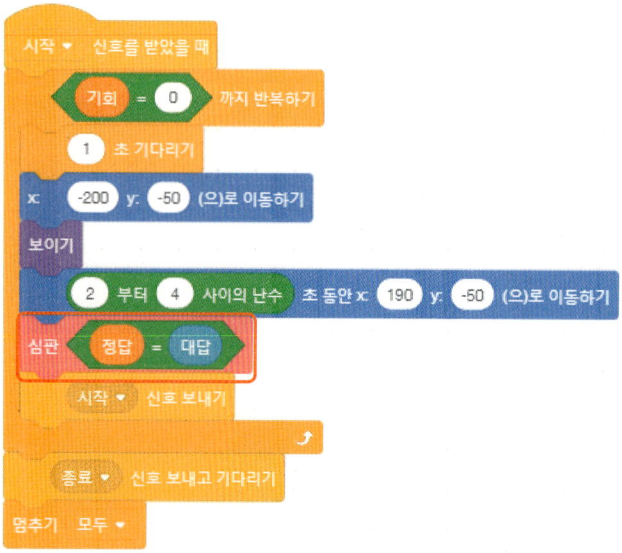

3 타자(Batter) 스프라이트 프로그램

01 [스프라이트]에서 Batter를 선택하고 타자의 처음 위치와 모양을 설정한다.

❶ 이벤트 – 🏴 클릭했을 때 ❷ 동작 – x:{200} y:{–50}(으)로 이동하기 ❸ 형태 – 모양을 [batter–a▼](으)로 바꾸기 // 타자의 처음 모양

02 사용자가 입력한 값이 정답이면 Baseball 스프라이트에서 작성한 나만의 블록인 심판으로부터 신호(안타)를 받는다. 타자는 볼을 타격하는 모양으로 4번 변경한 후 입력한 값을 말하도록 블록을 작성한다.

❶ 이벤트 – [안타▼] 신호를 받았을 때
❷ 제어 – {4}번 반복하기
  ❸ 제어 – {0.01}초 기다리기
  ❹ 형태 – 다음 모양으로 바꾸기
❺ 형태 – {감지 – 대답}을(를) {2}초 동안 말하기

03 모든 스크립트가 완성되었으므로 **녹색 깃발(⚑)**을 클릭하여 프로그램을 실행해 보자.

Chapter 15 연습문제

■ 본문의 구구단 게임을 확장하여 2명이 교대로 구구단 게임을 진행하는 프로그램을 작성하시오.

처리 조건

- 철수 스프라이트는 Dani를 추가하고 모양을 Dani-a로 한다.
- 영희 스프라이트는 Dani를 추가하고 모양을 Dani-b로 한다.
- 구구단 게임은 영희와 철수가 교대로 답을 한다.
- 영희, 철수 중 한 명이 기회가 5가 되면 게임을 종료한다.

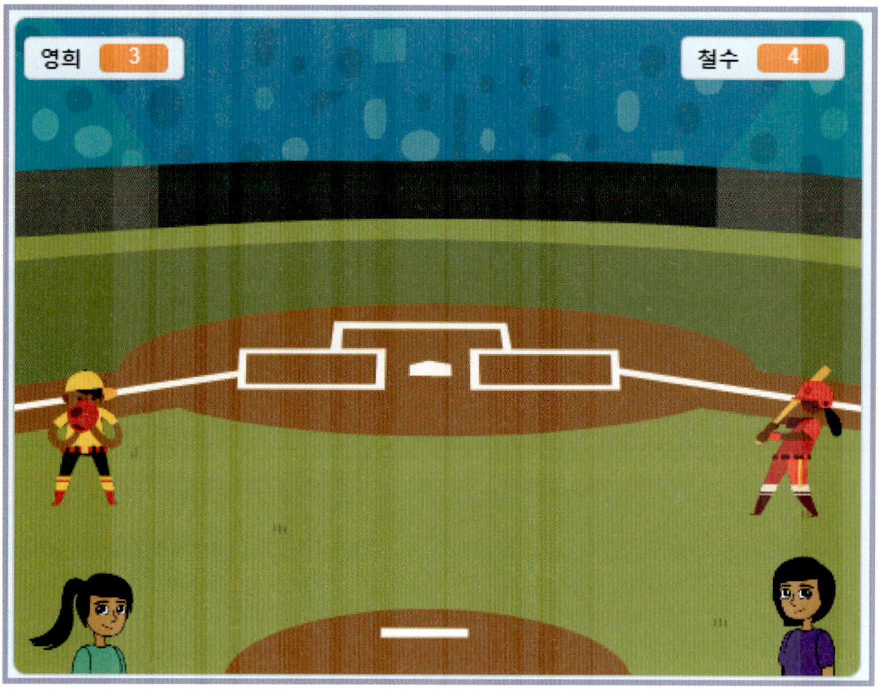